SCHÄDEL, STEINE UND STUDENTEN

Cornelia Essner

Schädel, Steine und Studenten

Der vielschichtige Anthropologe Felix von Luschan (1854–1924)

Impressum

Bibliografische Informationen der Deutschen Nationalbibliothek
Die Deutsche Nationalbibliothek verzeichnet diese Publikation in der Deutschen Nationalbibliografie; detaillierte bibliografische Daten sind im Internet über
http://dnb.d-nb.de abrufbar.

ISBN: 978-3-86408-302-0

Grafisches Gesamtkonzept, Titelgestaltung, Satz und Layout:
Stefan Berndt – www.fototypo.de

Coverabbildung:
Felix von Luschan in abenteuerlicher Kleidung, Foto von 1878
aus Bestand: Staatliche Museen zu Berlin, Ethnologisches Museum /
CC BY-NC-SA 4.0, Fotograf unbekannt

Inhaltsverzeichnis

Meinen Töchtern

Einleitung

„Felix von Luschan war eine äußerst ambivalente Persönlichkeit“, behauptet das Humboldt-Forum, das seit Herbst 2022 Luschans Rolle beim Kauf der berühmten Benin-Bronzen dokumentiert. „Er war nicht nur für die aktive Anschaffungspolitik von Tausenden Objekten aus aller Welt, sondern auch von Gipsabdrücken und menschlichen Überresten, vor allem aus kolonialen Kontexten, verantwortlich. Diese sollten seinen Forschungen der physischen Anthropologie dienen. Während er mitunter fortschrittliche Positionen vertrat, war sein praktisches Handeln bei der Verfolgung wissenschaftlicher Interessen letzten Ende skrupellos.“ Dieses Negativbild, Museumsbesuchern aus aller Welt dargeboten, verrät eine gewisse Hilflosigkeit gegenüber dem vor hundert Jahren gestorbenen Wissenschaftler, dem „mitunter fortschrittliche Positionen“ quasi zähneknirschend zugestanden werden, um ihn dann „letzten Endes“ als „skrupellos“ zu verdammen. Worin seine gewisse „Fortschrittlichkeit“ bestand, wird allerdings verschwiegen, obwohl doch erst ihr Gegensatz zur „Skrupellosigkeit“ die attestierte „äußerste Ambivalenz“ begründen würde.

Deshalb seien die „mitunter fortschrittlichen Positionen“ gleich vorneweg skizziert. Luschan – der Einfachheit halber hier meist seines „von“ beraubt – war Gegner aller rassistischen Theorien oder Dogmen. Er sprach sich gegen eine Superiorität der „weißen Rasse“ aus, mit der viele Kolonialapologeten im Kaiserreich die

Beherrschung indigener Bevölkerungen legitimierten. Er verurteilte die „nordische Rassenlehre", die seit dem ausgehenden 19. Jahrhundert um sich griff und die insbesondere von Houston Stewart Chamberlain in seinen *Grundlagen des 19. Jahrhunderts* popularisiert wurde, der eine mythische heroische „arische Rasse" in ihrem jüngsten „nordischen" Zweig verherrlichte und sogar Christus zum „Arier" machte. Luschans 1922 erschienenes Alterswerk *Rassen, Völker, Sprachen* verstanden die Zeitgenossen als Kampfschrift gegen Hans F. K. Günthers *Rassenkunde des deutschen Volkes.* Die Forderung des „Rassengünthers", die „arisch/nordische Rasse" im deutschen Volk auf Kosten seiner anderen „Rassen" hochzuzüchten, lief – so ein süddeutscher Kritiker – auf die „furchtbare Formel" einer „Kolonialisierung der nichtnordischen Gebiete Deutschlands" hinaus, so wie „man Kamerun kolonialisierte".[1] Sein Leben lang wetterte Luschan gegen die (nordizistische) „Phantasie vom langschädeligen und pigmentarmen Idealdeutschen".

Aus dem historischen Gedächtnis weitgehend gelöscht ist ferner Luschans Widerstand gegen den Antisemitismus. Im 1890 gegründeten Verein zur Abwehr des Antisemitismus wurde er sofort Mitglied; viele seiner Freunde und Bekannte waren jüdisch. Mit dem nach Amerika emigrierten Anthropologen und Ethnologen Franz Boas verband ihn eine lebenslange Freundschaft. Den jungen Anthropologen und Künstler Hermann Struck, der 1922 nach Palästina auswanderte, wollte Luschan auf seinem Lehrstuhl für Anthropologie als Nachfolger sehen. Einer seiner bekanntesten Schüler war Arthur Ruppin, der 1907 nach Palästina auswanderte und sich dort zum weltweit bekannten Soziologen des Judentums entwickelte. In seiner Wiener Gymnasialzeit war Luschan einer von drei Christen unter sonst jüdischen Mitschülern, und allein deshalb empfand er das christlich-jüdische Zusammenleben als eine derartige Selbstverständlichkeit, dass er alle Antisemiten als „Trottel" bezeichnete. Gerade als Anthropologe bekämpfte er die Judenfeindschaft. 1892 entwickelte er ein Aufsehen erregendes, lange Zeit gültiges anthropologisches Paradigma, das sich gegen die antisemitische Behauptung einer essenziellen („rassischen") Andersartigkeit der Juden wandte und das damit die jüdische Assimilation stützte.

Auch der weiblichen Emanzipation stand er nicht ablehnend gegenüber, was in seiner Zeit bereits eine fortschrittliche Position war. Seinen Studenten empfahl er die Lektüre von Clara Zetkin und Rosa Luxemburg, und er las, wenn auch ohne Begeisterung, Sigmund Freud. Seine Frau Emma begleitete ihn auf allen Fernreisen. Ihre Teilnahme an Luschans archäologischen Kampagnen im türkischen Sendschirli stellte ein absolutes Novum dar. Allerdings hat der Ehemann ihre große Rolle bei seinen verschiedenen wissenschaftlichen Tätigkeiten kaum gewürdigt, nur eine einzige kleine Publikation über anthropologische Messungen trägt auch den Namen von Emma Luschan im Titel.

Die Luschan in der eingangs zitierten Schautafel zugesprochene „Skrupellosigkeit" bezieht sich vor allem auf seine umfangreiche Sammlung von Schädeln. Am Ende seines Lebens besaß der Anthropologe eine Sammlung von mehreren Tausend Schädeln und Skeletten, die auch die vielen von seinem Freund Rudolf Virchow ererbten „human remains" enthielt und die nicht nur Schädel aus Übersee, sondern gleichfalls aus ganz Europa hortete. Gerade dieser Aspekt der physischen Anthropologie, die sich Ende des 18. Jahrhunderts in Deutschland mit dem antirassistischen Johann Blumenbach entwickelte, ist heute schwer verständlich bzw. erregt zu Recht Abscheu, wie überhaupt die gesamte damalige Disziplin jetzt befremdet. Die in „kolonialen Kontexten" weltweit beschafften Skelette und Schädel – aber nicht etwa die aus Europa stammenden – sind heute Gegenstand von Überlegungen zur Restitution, d. h. Rückgabe an die Herkunftsgesellschaften. Vor diesem Hintergrund gerät die physische Anthropologie noch mehr zur inhumanen Wissenschaft, als sie es bereits durch die ihr gern zugewiesene Vorläuferfunktion für die nationalsozialistische Rassenkunde ohnehin schon ist. Dadurch wird Luschan, der führende Anthropologe des späten Kaiserreichs und der frühen Weimarer Republik, zum Wegbereiter jener Rassenkunde verkürzt, wie sie der „Rassengünther" predigte, ein Philologe und Schriftsteller, der gegen heftigen wissenschaftlichen Widerstand 1930 einen neuen Lehrstuhl für Sozialanthropologie in Jena erhielt. Geschichte – und nicht zuletzt Disziplingeschichte – ist komplex, und es ist immer Vorsicht geboten bei im Nachhinein postulierten Kontinuitäten, die dann zu Kausalitäten werden.

Für die Forscher um 1900 waren Schädel wie Datenbanken, mit deren Hilfe sie so legitime Fragen erforschen wollten wie die nach dem Alter der Menschheit und nach dem Entstehen der verschiedenen Populationsgruppen. Diese zu erforschen, sagte die amerikanische Kulturanthropologin Ruth Benedikt 1940, ist jedoch noch kein Rassismus. Erst seit kurzem ist es dank der DNA-basierten Paläogenetik – für die Svante Paäbo 2022 einen Nobelpreis erhielt – möglich, das Alter von fossilen menschlichen Überresten zweifelsfrei zu bestimmen. Hinzu kommt, dass die allgemeine Einstellung zu „human remains" um 1900 eine völlig andere war als heute. Einen Schädel auf dem Schreibtisch hatte zu dieser Zeit mancher Naturwissenschaftler als memento mori. Noch vor fünfzig Jahren standen in den Arztpraxen echte „Knochengerüste" zur Belehrung. Dieser mangelnde Respekt auch vor „human remains" der eigenen Gesellschaft war offenbar mit dem christlichen Glauben vereinbar, der den vergänglichen Körper vor allem als Gefäß der ewigen Seele betrachtete. Eine Art gegenteilige Vorstellung liegt der heute beliebten Plastination durch Gunther von Hagens zugrunde.

Das absurd und grotesk anmutende Abmessen der Proportionen von Köpfen – bevorzugt von Toten – durch die physischen Anthropologen hatte gegen Ende des 19. Jahrhunderts eine Datenfülle produziert, die die Forscher letztlich hilflos machte, auch wenn sie noch so eifrig, wie z.B. Felix Luschan und Franz Boas, Daten austauschten. Die die maschinelle Datenverarbeitung stand noch in den Anfängen[2], ganz davon abgesehen, ob die erhobenen Daten überhaupt Sinn produziert hätten. Übrigens haben sich die Anthropologen durchaus gegenseitig vermessen, der Gesichtszirkel wurde nicht ausschließlich in hierarchischer Absicht angelegt. Luschan vermachte sogar testamentarisch sein eigenes Skelett seiner Lehrsammlung. Der „Bankrott der Schädelmessung" war jedoch für die Anthropologen um 1900 ein offenes Geheimnis. Anhand der Entwicklung Luschans lässt sich beobachten, wie gerade die Frustration über seine stagnierende Wissenschaft ihn zur Eugenik-Bewegung trieb, wo er eine Zukunftsperspektive für seine Disziplin erhoffte, die er nun als „Socialanthropologie" in den Dienste der Gegenwart und Zukunft stellen wollte.

Die andere im eingangs zitierten Text als „skrupellos" benannte Seite Luschans betrifft das „Sammeln" von Ethnographica. Diese Seite wurde in der vorliegenden biographischen Skizze weitgehend vernachlässigt. Denn in seiner Rolle als Leiter der Abteilung Afrika und Ozeanien im Berliner Völkerkundemuseum – ab 1905 dessen Direktor – setzte Luschan jene Politik fort, die sein Direktor Adolf Bastian begonnen hatte: die 1884 etablierte Kolonialherrschaft in Afrika und in der Südsee zum Ausbau von musealen Sammlungen zu nutzen und dafür Reisende – Wissenschaftler oder Militärs – einzubinden. Weder Bastian noch Luschan waren daher Gegner von Kolonialbesitz; überhaupt war grundsätzliche Kritik an der deutschen Kolonialpolitik selten. Auch der Sozialdemokrat August Bebel äußerte

1906 im Reichstag, dass Kolonialpolitik nur in ihren „Auswüchsen“ abzulehnen sei.

Geheimrat Bastian gelang es 1889, einen Beschluss des Bundesrathes herbeizuführen, der dem Berliner Museum eine Monopolstellung beim Erwerb von Ethnographica garantierte. An die übrigen deutschen Völkerkundemuseen durften nur „Doubletten“ aus den mit öffentlichen Geldern finanzierten Expeditionen abgegeben werden, d.h. Berlin reservierte sich das Einzigartige.[3] Bastian, selbst ein unermüdlicher Reisender und „skrupelloser Sammler“, sorgte sich um die zerstörerische Wirkung des Kontaktes zwischen „zivilisierten“ und „primitiven“ Völkern und das infolgedessen drohende „Aussterben“ des „primitiven“ Kulturguts oder der „Naturvölker“ selbst. Für Bastian wie die meisten Ethnologen seiner Zeit stellte ethnographisches „Sammeln“ eine Rettungsaktion dar, und in den Museen sah er Schatzhäuser, „gefüllt mit kostbaren Dokumenten für die Geschichte der Menschheit, die in den Bibliotheken liegenden Texte gewissermaßen“[4]. Die Rolle des Ethnologen als Menschheits-Archivar erschien um so gerechtfertigter, als nach evolutionistisch-darwinistischer Vorstellung die „Naturvölkern“ als sozusagen zeitgenössische Vorfahren aus der Steinzeit begriffen wurden.

Luschan, von der Aussterbe- und Rettungsidee weniger besessen als sein Direktor, mehrte ebenfalls die Bestände des Berliner Völkerkundemuseums ohne jegliches Unrechtsbewusstein. Nur wenige Zeitgenossen sahen, dass die kulturelle Aneignung kolonialer Gesellschaften auf der Grundlage „struktureller Gewalt" erfolgte. Eine Ausnahme bildete der Resident des Deutschen Reiches in Ruanda, der 1897 gegenüber Luschan bekennt: „Überhaupt ist es sehr schwer, einen Gegenstand zu erhalten, ohne zum mindesten etwas Gewalt anzuwenden."[5] Luschan hat übrigens nie einen Fuß in die deutschen Kolonien gesetzt, während er mehr als sieben Jahre seines Lebens im Osmanischen Reich verbrachte. „Wann gehen Sie denn endlich zu den Wilden", fragte ein Freund, „oder gehört Ihre Liebe auf immer dem Orient?" Gegen den Begriff „Wilde" hätte der Angesprochene sich allerdings gewehrt, denn immer wieder wurde sein Ausspruch zitiert, „dass es in Afrika keine anderen Wilde" gäbe, „als einige toll gewordene Weiße". Vermutlich hat er Joseph Conrads 1899 erschienene Erzählung *Heart of darkness* gelesen, die das Phänomen des „Tropenkollers" so packend schildert. Seine Tätigkeit als Museumsmann übte er ohne große Begeisterung aus. Immer wieder überlegte er, die Beamtenstelle aufzugeben, um sich ganz der Anthropologie und der Archäologie zu widmen.

Den Archäologen Luschan skizziert das Kapitel über seine Ausgrabungen im osmanischen Sendschirli in den Jahren 1888 bis 1891. Dabei wird insbesondere der Grabungsalltag mit seinen Problemen geschildert. Man stand unter enormen Erfolgsdruck, dem Berliner Geldgeber, dem Orientkomitee, spektakuläre Funde vorzuweisen. Gleichzeitig gab es die Kontrolle eines osmanischen Kommissärs, der alle Funde in seinem Journal dokumentierte für die von der Hohen Pforte festgelegten Teilungsmodalitäten. Neben Emma Luschan treten mit Osman Hamdy Bey und Hassan Bey hier zwei Persönlichkeiten in den Vordergrund, ohne deren Unterstützung die Kampagnen nicht gelungen wären. Vom einflussreichen Hamdy Bey, Leiter des Archäologischen Museums in Konstantinopel (Istanbul), hing sowohl die Genehmigung der Ausgrabungen ab als auch Teilung und Preis der Funde. Hassan Bey sorgte für die Rekrutierung und Kontrolle der Arbeiter sowie für den mühsamen Transport der Funde zum Küstenhafen von Alexandrette (Iskenderum). Mit diesem Tscherkessen verband Luschan eine lebenslange Freundschaft.

Luschans weit verzweigte und intensive Korrespondenz, die schon mal in Alt-Griechisch sein konnte, ist typisch für den lebendigen, intensiven Gedankenaustausch unter Gelehrten in einer Zeit, wo das Telefon zwar schon erfunden war, aber noch nicht längeren Gesprächen diente und der Brief die einzige Form der Kommunikation war, wenn man nicht am gleichen Ort lebte. Die in Sütterlin geschriebenen Briefe der Wissenschaftler lassen auch Alltagssorgen erkennen, zu denen besonders die Furcht vor Influenza gehörte, die damals, vor der Erfindung des Penicillin, tödlich enden konnte. Unter den Briefpartnern finden sich viele bekannte Personen wie Eduard Meyer, der Althistoriker, oder Walther Rathenau, der Industrielle und 1922 ermordete jüdische Außenminister, aber auch weniger bekannte Personen wie Ferdinand Güterbock, ein jüdischer Historiker. Die Korrespondenz lässt die Persönlichkeit Luschans erkennen, die nicht nur angenehme

Züge trug, aber keineswegs „ambivalent" war. Luschan war eigensinnig, unbeirrbar autoritär bis arrogant, patriarchalisch, leicht kränkbar, aufbrausend und vor allem ironisch und sarkastisch. „Meine Schwägerin hat eine so interessante Krankheit", schreibt er seinem Freund Rudolf Virchow, „dass ein Arzt bei bescheidenen Ansprüchen fast allein davon leben kann." Aber er war auch hilfsbereit, konnte begeistern und pflegte lebenslange Freundschaften. Bemerkenswert ist, dass damals Kontakte trotz starker, durchaus politischer Meinungsdifferenzen aufrecht erhalten wurden. Politisch ist Luschan im linksliberalen Spektrum zu verorten, er las die Vossische Zeitung, inoffizielles Organ der Freisinnigen Partei. Die bekannten Sozialdemokraten Karl und Luise Kautsky gehörten zum engen Freundeskreis. Zusammen mit seiner Frau Emma führte der Gelehrte in Berlin wie im österreichischen Millstatt ein offenes Haus. Das Gästebuch der Villa in Millstatt liest sich wie ein Who is who des späten Kaiserreichs und der frühen Weimarer Republik.

Luschan muss ein begnadeter Redner gewesen sein. Manch einer seiner Vorträge schlug hohe Wellen, wie gerade der gegen den Antisemitismus gerichtete über *Die anthropologische Stellung der Juden*. Seine Vorlesungen waren regelrechte Publikumsmagneten. Durch seine markante Persönlichkeit und seine vielseitigen Interessen gewann Luschan großen Einfluss auf eine ganze Generation von Studenten, nicht nur der Anthropologie. Im Völkerkundemuseum hielt er Vorträge vor Handwerkern und Arbeitern im Auftrag der Arbeiterwohlfahrt. Aber er veröffentlichte nur ein Buch, das ihn als einen um Synthese bemühten Wissenschaftler zeigt: *Völker, Rassen, Sprachen*, 1922 – zwei Jahre vor seinem Tod – im jüdischen Welt-Verlag erschienen. Gegenwärtig kennt man ihn vor allem als Verfasser der 1919 erschienen Bände über *Die Altertümer von Benin*.

Welch großen Bekanntheitsgrad Luschan seinerzeit besaß, davon zeugen die zahlreichen Nachrufe in Tageszeitungen und wissenschaftlichen Zeitschriften. Dort würdigte man ihn als einen ungewöhnlich vielseitigen Gelehrten, der verschiedene Disziplinen beherrschte, d.h.neben der Anthropologie die Ethnologie, die Archäologie und die Linguistik. Vielleicht war es gerade diese Interdisziplinarität, die bewirkte, dass zwei Biographen sich vergeblich an einer umfassenden Darstellung von „Leben und Werk" Luschans versuchten: sein Schüler Fritz Kiffner in den sechziger Jahren sowie der DDR-Anthropologe Hans Grimm in den achtziger Jahren. Dass Luschan sich der Eugenikbewegung anschloss, die als Einbahnstraße in Richtung Nationalsozialismus gilt, dürfte die Lust und den Erfolg einer biographischen Würdigung sicher behindert haben. Luschans Einstellung zur Eugenik wird hier daher ausführlich untersucht.

Der vorliegende Text beansprucht nicht, eine erschöpfende Biographie des Felix von Luschan zu sein, sondern versteht sich als eine Skizze, die anhand einiger Aspekte seines Lebens gerade die bildungsbürgerliche Mentalität im Kaiserreich und in der frühen Weimarer Republik beleuchtet. Das Buch hat ebenfalls eine spezifische Geschichte der Verhinderung. Vor einem Jahrzehnt ‚wühlte' ich mich mehrere Wochen durch den umfangreichen Luschan-Nachlass in der Staatsbibliothek Berlin, der nun die Grundlage dieser Arbeit bildet. Dem damals projektierten wissenschaftlichen Wälzer, Genre „Leben und Werk", versagte jedoch die Deutsche Forschungsgesellschaft die Finanzierung, so dass die Fülle der Notizen und die angefangenen Kapitel für ein Jahrzehnt in den Tiefen des Computers verschwanden. Wie Marie von Ebner-Eschenbach, eine Zeitgenossin Luschans, feststellte: „Manuskripte vermodern im Schrank oder reifen darin".

Karriere, Alltag und Kontakte: Das Netzwerk des Wissenschaftlers

Felix von Luschan wird am 11. November 1854 in Hollabrunn bei Wien als ältester von drei Brüdern geboren.[6] Der Adelstitel der Familie war noch jung, erst der Großvater Lucas erhielt ihn. Auf einen Ort in Bosnien geht der Familienname zurück. Der Vater Maximilian ist k.u.k. Hofs-und Gerichtsrat in Wien. Die Mutter Christine, eine geborene von Hocheder, kam in Brasilien zur Welt, wo ihr Vater als Geologe bei einer englischen Goldminen-Gesellschaft arbeitete.

Luschan besucht das renommierte Akademische Gymnasium in Wien, auf welches das arrivierte jüdische Bürgertum bevorzugt seine Söhne schickte. Mit zwei weiteren Schülern ist er der einzige Nichtjude bzw. Christ in seiner Klasse .[7] Damals muss er den ebenfalls 1854 geborenen Karl Kautsky kennengelernt haben, der auch Schüler des Akademischen Gymnasiums war und vermutlich mit Luschan in dieselbe Klasse ging. Das lebenslange Engagement des Anthropologen gegen den Antisemitismus sowie die Vielzahl jüdischer Freunde und Kollegen gründen in dieser Erfahrung des Jugendlichen mit einem selbstverständlichen jüdisch-christlichen Zusammenleben.

Nach dem Abitur 1871 studiert er Medizin und wird bald Mitglied der Wiener Anthropologischen Gesellschaft und kümmert sich um deren Sammlungen. Denn er besitzt bereits eine gewisse wissenschaftliche Reputation, weil er noch als Abiturient seine erste Ausgrabung unternommen und bei Villach eine Begräbnisstätte aus der Bronzezeit entdeckt und darüber publiziert hat.

Nachdem er 1878 Dr. med. an der Universität Wien geworden ist, reist er sofort nach Paris, um dort bei dem berühmten Arzt und Anthropologen Paul Broca zu studieren, der die Lokalisierung des Sprachvermögens im Gehirn entdeckte. Bei der internationalen Weltausstellung in Paris 1878 fungiert der Vierundzwanzigjährige als amtlicher Vertreter Österreichs und organisiert deren Abteilung für Ethnographie und Anthropologie. Nach der Rückkehr aus Paris arbeitet er ein Jahr lang als Militärarzt bei der Besetzung Bosniens durch die k.u.k. Armee und wird dabei „zur prähistorischen Forschung abkommandiert", um zusammen mit anderen Offizieren in den Nekropolen des Großserbischen Reiches zu graben. Das ging wiederum auf eine Initiative seines späteren Schwiegervaters Ferdinand von Hochstetter zurück, Leiter des Wiener Hofmuseums für Naturgeschichte, der in der Militäraktion eine willkommene Möglichkeit zum Ausbau wissenschaftlicher Sammlungen sah.

Noch während des „siegreichen Feldzuges" in Bosnien erhält der junge Militärarzt die Nachricht vom Tod seiner Mutter und fällt in eine psychische Depression, will eigentlich nach Wien nicht mehr zurückkehren, sondern stattdessen eine Reise nach Ostindien unternehmen. Er wird dann aber doch – nach einer Reise im Auftrag des Wiener Hofmuseums nach Dalmatien und Montenegro – 1880 für zwei Jahre Arzt am Allgemeinen Krankenhaus in Wien, in der chirurgischen und psychiatrischen Abteilung. Sein Brotberuf erfährt eine willkommene Unterbrechung, als er im Auftrag der österreichischen Regierung das Osmanische Reich bereisen kann, durch Kleinasien und Nordsyrien („Lykien“ und „Karien“). Anfang 1882 habilitiert er sich an der Wiener Medizinischen Fakultät für das Fach Anthropologie bzw. „physische Ethnographie“ mit einer Arbeit über „die physischen Eigenschaften der wichtigsten Menschenrassen“. In seinem Antrittsvortrag zur Erlangung einer Privatdozentur betont er das, was sein lebenslanges, antirassistisches *Credo* bleiben wird: Die Menschheit ist „eine einzige Species, ihre Racen nur Varietäten einer und derselben Art“, und „die physischen Eigenschaften der verschiedenen Menschenrassen sind nur Funktionen physikalischer Verhältnisse“.

Ein Leben als Arzt in Wien reizt den jungen Privatdozenten der Anthropologie überhaupt nicht. Er hat den Orient lieb gewonnen und erwägt, sich in Smyrna (Izmir) an der türkischen Ägäisküste als Arzt niederzulassen. Ratsuchend wendet er sich 1882 an den Ingenieur und Archäologen Carl Humann, der dort schon lange lebt und gerade durch die Ausgrabung des Pergamonaltars bekannt geworden ist. „Ob Sie bald eine Existenz finden, kann niemand beantworten“, antwortet ihm der Orientexperte, „da das Publikum unberechenbar ist. Ein direkt von Europa kommender Arzt hat manchmal sofort ungewöhnlichen Zulauf.“ Humann erläutert die Details. Ein bis zwei Gulden erhalte hier der Arzt für eine Konsultation. Finanziell interessant sei vor allem die Tätigkeit in der österreichischen Kolonie in Smyrna. In den Mußestunden könne er gegen Geld für deutsche Zeitschriften schreiben. „Glauben Sie es im Interesse Ihrer Gesundheit für gut, so würde ich es wagen, mir hier auf einige Monate die Sache anzusehen."[8] Aber genausowenig wie die Ostindienreise riskiert der junge Arzt die Übersiedlung ins Osmanische Reich.

Jedoch im folgenden Jahr bietet sich die Gelegenheit zu einer interessanten Forschungsreise. Als Arzt mit 3.000 Mark Gehalt begleitet er die prestigeträchtige Expedition zur archäologischen Stätte des Nemrud Dagh am oberen Euphrat, die Carl Humann zusammen mit Osman Hamdy Bey, dem Direktor des Osmanischen Museums in Konstantinopel, organisiert. Auf dieser Reise erhält Luschan bei der nordsyrischen Stadt Sendschirli (Zincirli) durch einen einheimischen Müller den ersten Hinweis auf eine alte Ruinenstätte, die sich schließlich als der vorchristliche, aramäische Stadtstaat Sam'al erweisen wird. Dieser archäologischen Stätte gilt in den folgenden zehn Jahren Luschans größtes Interesse. Während der Grabungskampagne am Nemrud Dagh entsteht die lebenslange Freundschaft mit dem gleichaltrigen Archäologen Otto Puchstein, der die Expedition auf eigene Kosten begleitet. Auch sein gutes Verhältnis zu dem einflussreichen Hamdy Bey, von denen seine eigenen Ausgrabungen später in Sendschirli profitieren werden, gehen auf diese Reise zurück.

Kaum nach Wien zurückgekehrt, stirbt Luschans Vater, der ihm ein gewisses Vermögen hinterlässt. Das ermöglicht dem jungen Forscher, 1883 den Arztberuf endgültig an den Nagel zu hängen und erneut ins Osmanische Reich zu reisen, in die ihm schon vertrauten Provinzen Lykien, Pamphylien und Syrien. Seine erste Publikation über die Anthropologie dieser Regionen erscheint.[9] Anfang 1885 tritt Luschan – dank der Vermittlung seines Freundes Puchstein, der gerade Direktorialassistent an den Berliner Museen geworden ist – in Kontakt mit dem bekannten Berliner Ethnologen Adolf Bastian, der Mitarbeiter für das neue Völkerkundemuseum in der Reichshauptstadt sucht. Der 1886 in der Königgrätzer Straße eröffnete prächtige Monumentalbau demonstrierte die neue „Weltgeltung" des Deutschen Kaiserreichs, dessen Kolonialbesitz in Afrika gerade auf der Kongokonferenz in Berlin international abgesegnet worden war. Luschan zögert jedoch, sich auf eine Beamtenstelle festzulegen, da er plant „mit der österreichischen Marine eine Welttour zu machen"; Puchstein hofft im Interesse des Freundes, dass Bastian „jetzt nur Ihre definitive Zusage will, nicht schon Ihren Eintritt zu Ostern".

Überraschend entscheidet sich der Abenteurer doch für ein bürgerliches Leben mit fester Anstellung, denn er will eine Familie gründen. Am 22. Juli 1885 heiratet der Privatdozent für Anthropologie und k.u.k. Regimentsarzt der Reserve die zehn Jahre jüngere junge Emma von Hochstetter. Der Schwiegervater Ferdinand von Hochstetter, international bekannt als Geologe Neuseelands und Leiter des Wiener Hofmuseum für Naturgeschichte, ist für den jungen, nun elternlosen Luschan seit langem ein väterlicher Freund und Ratgeber. Auch die Mütter des jungen Paares verband eine lange Freundschaft. „Ich weiß, er hat keine bessere zweite Mutter als Dich", schreibt ein Jahr vor ihrem Tod Christine von Luschan an Emmas Mutter, Georgina von Hochstetter. So stellt die Heirat von Emma und Felix das natürliche Ergebnis einer alten Familienfreundschaft dar. Durch diese Ehe öffnen sich dem jungen Forscher die führenden Kreise der deutschen und österreichischen Gelehrtenwelt.

Das Paar zieht Ende 1885 von Wien nach Berlin um, als der Ehemann seine Stelle als Direktorialassistent am neuen Völkerkundemuseum antritt. Erst die verbriefte Aussicht auf diese Beamtenstelle hat die Heirat überhaupt ermöglicht. Bastians Entscheidung, den begehrten Posten an den jungen Wiener zu vergeben, stößt in der Berliner Fachwelt auf Unverständnis, denn der Österreicher sei „trotz seines hübschen Äußeren und seiner bestechenden Liebenswürdigkeit doch noch recht grün". Vor der Eheschließung mit der protestantischen Emma tritt der katholische Felix in Wien zum Protestantismus über. Denn die Möglichkeit einer religiösen Mischehe existierte genauso wenig wie die – erst 1938 in Österreich eingeführte – Zivilehe. Nicht nur das Kontaktnetz durch seinen Schwiegervater, auch die Konversion macht Luschan das Leben in Berlin leichter, denn die Katholiken – und nicht nur die Juden – wurden in Preußen in mancher Hinsicht benachteiligt. „Ich bin schon Stockpreuße geworden", schreibt er nach wenigen Monaten an Humann in Smyrna, „und meine Frau und ich haben uns schon so in Berlin eingelebt, dass wir beide gar nicht mehr begreifen, wie man anderswo auch leben kann."[10] Noch eine weitere Konversion vollzieht der junge Gelehrte: Er erwirbt die preußische Staatsangehörigkeit, die sich automatisch aus seiner Anstellung als preußischer Beamter ergibt. Die österreichische Staatsangehörigkeit muss er nicht aufgeben, denn das Deutsche Reich und die k.u.k. Monarchie ließen die doppelte Staatsangehörigkeit in vielen Fällen zu.

Auch wenn der Wiener sich sofort heimisch in Berlin fühlt, macht ihm sein Vorgesetzter Adolf Bastian die Arbeit nicht leicht. Der besitze „einen heftigen, jähzornigen Charakter", warnt ihn sein Freund Puchstein, er tyrannisiere die niederen Angestellten und hinter seinem Rücken nenne man ihn „Bombastian". Seine zahlreichen, konfusen und unlesbaren Bücher wirken wie „die Ideen eines Geisteskranken. Aber seine praktischen Leistungen sind jedenfalls eminent: er hat die hiesige Sammlung gemacht, ein Gebäude besorgt, weiß Gelder zu beschaffen – die Welt in Bewegung zu setzen". Bastian war von der Idee besessen, so schnell wie möglich Zeugnisse der vom Aussterben bedrohten „Naturvölker" zu sammeln und dadurch die „Abdrücke des Völkergedankens" zu retten, die einst es erlauben würden, die „psychischen Originalitäten" der Menschheit quasi herauszudestillieren. In dieser anspruchsvollen Mission andauernd weltweit unterwegs, ist der Museumsdirektor für seine Mitarbeiter schwer zu erreichen. „Man kann ja von dem merkwürdigen Mann vieles erwarten", antwortet 1889 ein Kollege auf Luschans Klage darüber, „aber dass er so ganz und gar verschwindet, seinen Angehörigen gar keine Nachricht von sich gibt, ist doch nicht ganz in Ordnung. Hoffentlich kommt er bald an irgendeinem Orte der Erde wieder zum Vorschein." Aber die Abwesenheit des Direktors scheint man am Museum auch zu genießen. „Herr Geheimrath Bastian fühlt sich in Colombo [Sri Lanka] sehr wohl; er hat sich im vorigen Monat einen Maschinenschreiber, der gleichzeitig stenographiert, nachkommen lassen", deutet ein Mitarbeiter erfreut die Zeichen im Jahr 1902, er „lässt zu unserem Glück sehr wenig von sich hören". Im übrigen ist nicht nur der Museumsdirektor selten in Berlin, auch sein Direktorialassistent wird viel unterwegs sein, seit 1888 immer wieder auf Grabung in Sendschirli. 1905 wird Luschan die Nachfolge des auf einer Weltreise gestorbenen Bastian antreten und auch als Direktor des Völkerkundemuseums bis 1911 weiterhin für die Afrika- und Ozeanienabteilung verantwortlich sein.[11]

Was wissen wir über die Frau an Luschans Seite? Genaueres über Emma zu erfahren, ist schwierig. In der umfangreichen Korrespondenz ihres Mannes erscheint sie als regelmäßige Floskel: „Grüße an die werthe Frau Gemahlin." Nur fünf Briefe Emmas sind überliefert, aus ihrer frühen Jugendzeit. Sie lassen ein sehr gebildetes junges Mädchen erkennen, das flüssig auf Englisch wie auf Französisch schreibt. In ihrer Familie sprach man gut Englisch, da die Eltern längere Zeit in Neuseeland gelebt hatten. Auch das Französische beherrschte man dank Emmas französischer Großmutter mütterlicherseits, einer Cousine des bekannten Schriftstellers Victor Hugo.

Die Hochzeitsreise des jungen Paares ist ungewöhnlich, sie führt in die wilden Schluchten Dalmatiens. „Ruhelos, wie Sie nun sind“, konstatiert Puchstein, „lassen Sie sich nicht einmal durch die süßseinsollenden Fesseln der Ehe halten, sondern beginnen ohne Veränderung das alte nomadische Leben.“ Dalmatien ist nur die erste ungewöhnliche und nach herkömmlichen Maßstäben unbequeme Reise, die die junge Frau an der Seite ihres Mannes unternehmen wird. Die Ehe bleibt kinderlos, was nicht etwa, wie man heute annehmen könnte, auf einer bewussten Entscheidung beruht, sondern unfreiwillig ist. „Ihr stiller Wunsch für mich ist sehr freundlich“, schreibt Luschan 1890 an Puchstein, „ich fange an die Hoffnung aufzugeben.“[12] Wie sehr Luschan unbeschränkten Kindersegen als Normalität einer Ehe betrachtet, kann man daraus ablesen, dass er später, als er zum Eugeniker mutiert, heftig gegen Empfängnisverhütung wettert, gegen die „neomalthusianischen Praktiken“, die damalige Umschreibung für Verhütungsmethoden.

Die Kinderlosigkeit gibt Emma die Freiheit, ihren Mann auf seinen Reisen zu begleiten. Als Felix zu Beginn des Jahres 1888 den Plan einer Ausgrabung im osmanischen Sendschirli ausarbeitet, hat sie bereits den Entschluss gefasst mitzukommen. „Alle Achtung! sagt man in Wien zur Courage Ihrer lieben Frau Gemahlin“, bemerkt Humann, der spätere Leiter dieser Grabung. „Die Meinige kann doch nicht die Kinder und das Haus verlassen“; und er fügt tadelnd hinzu: „Ich glaube, das ist keine Frauen-Arbeit ohne damit jedoch Ihren Beschlüssen vorgreifen zu wollen."[13] Emmas „Courage“ erscheint hier weniger als eigene Leistung, sondern wird eher dem Gatten zugerechnet, entsprechend der männlichen Verfügungsgewalt in der Ehe.

Aber erst mit der dritten Ausgrabung in Sendschirli von Oktober 1890 bis März 1891 vermag Emma ihren Entschluss zu realisieren. Seitdem begleitet sie ihren Mann auf allen seinen Fernreisen. Sie ist nicht nur eine unentbehrliche Schreibkraft, sondern auch eine gute Fotografin. Viele Fotos, die ihrem Mann zugeschrieben werden, stammen von ihr. Im Oktober 1896 erhält Luschan eine goldene Medaille bei der Internationalen Ausstellung der Amateur-Fotografie in Berlin – ein Preis, der eigentlich seiner Frau gebührt. Im übrigen hilft sie bei den anthropologischen Messungen bzw. nimmt diese selbständig vor. Aber nur selten würdigt Luschan öffentlich die Hilfe seiner Frau. 1897 dankt er ihr im Vorwort eines Artikels für einen großen Teil der fotografischen Arbeit „ebenso für die langwierige Berechnung aller Indices und die mühevolle Gruppierung der anthropologischen Tabellen“. 1907 bekennt er in einer Publikation, dass „die Messungen fast durchweg von meiner Frau herrühren, die die moderne Technik vollkommen beherrscht“ und dass „sie gemeinsam die Indices berechnet“ haben. Nur ein einziges Mal erscheint ein Artikel unter ihrer beider Namen.

Obwohl Frau Luschan die ebenfalls aus Wien stammende Sozialdemokratin und Frauenrechtlerin Luise Kautsky zu ihren Freundinnen zählt, begnügt sie sich doch mit der traditionellen Rolle der helfenden und zuarbeitenden Gefährtin des Mannes. Der wiederum scheint nicht versucht zu haben, dies grundlegend zu ändern, beispielsweise seine Gattin zu einem Studium zu ermuntern. Dabei ist Luschan nicht gegen weibliche Berufstätigkeit und stellt im Museum auch Mitarbeiterinnen an. Sogar bei seinen Vorlesungen gestattet er Frauen die Teilnahme, was damals gerade in der Anthropologie ungewöhnlich ist. Am Ende seines Lebens kann er sich sogar eine Frau auf einem Lehrstuhl vorstellen, wie er 1923 Dr. Hella Pöch schreibt, der Witwe des Wiener Anthropologen Rudolf Pöch, „aber ich fürchte, dass man in Wien noch nicht reif genug ist, um eine Frau zu einer Professur zu zulassen". Und persönlich erfährt er gerade in den letzten Lebensjahren, wie gut seine Frau wissenschaftlich arbeiten kann. Seit längerem schwer krank, geht er höchstens einmal im Monat ins Museum, „wo im Übrigen meine Frau meinen ganzen Dienst versieht".

Die zeitgenössischen, bildungsbürgerlichen Frauen bewunderten Emmas Rolle. Dies Zuhausesein im Arbeitsfeld des Mannes sei doch „eine herrliche Sache für eine Frau und gereicht Ihnen zu großer Befriedigung", begeistert sich eine Bekannte. „Ihre Ehe ist mir immer als ein Ideal erschienen", schreibt euphorisch ein Schüler Luschans nach dessen Tod an die Witwe. „Dieses Aufgehen im gegenseitigen Verständnis, dieses Zusammenarbeiten und Anpassen, diese Hilfe, welche der Verewigte in allen Lagen von seiner Gattin erfuhr, war so etwas Großes und Wunderbares, dass es wie eine besondere himmlische Gnade erschien, die dem Verewigten zuteil wurde." Wilhelm

Liepmann, Verfasser eines 1920 erschienen, viel gelesenen Buches über *Die Psychologie der Frau*, kondoliert der Witwe mit den Worten: „Waren Sie beide doch ein Paar, das mir in meiner Psychologie der Frau immer als höchstes Menschentum vorschwebte, beide zusammenarbeitend an einer ideellen Idee. Und so wird durch die geistige Arbeit Ihres Gatten in Ihnen seine Persönlichkeit neu erstehen und Sie werden beenden, was er mit Ihnen begonnen hat." Der Mäzen und Archäologe Manfred von Oppenheim wird konkreter. „Ich bin sicher", schreibt er an die Witwe, „dass Sie an dem Abschluss seines Sendschirli-Werkes, das ja Gott sei Dank im Manuskript schon vorliegt, gleichfalls mitgearbeitet haben." Deshalb hoffe er, „dass es Ihnen vergönnt sein möge, das Werk bald herauszubringen. Darf ich fragen, was diesbezüglich geplant ist?"[14] Mit diesem Manuskript ist das Buch *Kleinfunde aus Sendschirli* gemeint, das jedoch erst zwanzig Jahre später, ein Jahr nach dem Tod Emmas, von dem Archäologen Walter Andrae fertiggestellt wird.

Zu dieser „idealen Ehe" gehört es, dass Emma sich um alle finanziellen Belange kümmert. Der Ehemann erhält von ihr zwanzig Mark Taschengeld monatlich ausgezahlt, wie Luschan einem Freund gegenüber freimütig bemerkt, denn „sonst wären wir längst ruiniert". Die Ehefrau hat hier also die Hosen an – im Freundeskreis spricht man von seiner „Gebieterin" – ‚was Luschan nicht stört. Das Ehepaar teilt denselben, etwas bissigen Humor. Wenn Luschan über seine Schwägerin lästert, dass diese „eine so interessante Krankheit hat, dass ein Arzt bei etwas bescheidenen Ansprüchen fast allein von ihr leben könnte", gilt auch seine Frau nicht als zimperlich. „Ihr Mann ist schrecklich", schreibt 1895 ein befreundeter Ethnologe auf einer Postkarte – und jeder, der will, kann es lesen. „Bitte packen Sie ihn ein und schicken ihn hierher, damit er zur Strafe aufgehängt werden kann. Es küsst die Hand (...)".

Wenn Emma nicht mit ihrem Mann auf Reisen ist, hat sie trotz des damals üblichen Personals viel mit dem Haushalt zu tun, denn das Ehepaar liebt die Geselligkeit und empfängt oft Besuch. Sie pflegen den im Bildungsbürgertum weit verbreiteten Brauch des „jour fixe": Jeden Sonntag Nachmittag empfangen sie Gäste zum Tee, die nicht angemeldet sein müssen. So ist das sozialdemokratische Ehepaar Karl und Luise Kautsky regelmäßig zu Besuch, mit denen trotz unterschiedlicher politischer Auffassung eine enge Freundschaft besteht. Der Münchner Mediziner Karl Ranke, der lange auf einen Lehrstuhl warten musste und einer der wenigen Personen ist, mit denen man sich duzt, berichtet, wie sehr seine Frau die Herzlichkeit der Gastgeber empfunden habe. „Sie sagte damals – nach dem ersten Zusammentreffen – beinahe mit Tränen in den Augen, das sind die ersten Menschen von allen deinen Bekannten, die wirklich nett mit Dir sind."

Zwei Haushalte hat die Ehefrau zu versorgen, einen in Berlin – zunächst in der Schöneberger Maßenstraße und später in der Oehlersstraße in Lichterfelde – und einen in Millstatt in Kärnten. Dort hat sich 1884 Felix' reicher Bruder Oskar von dem bekannten

Architekten Georg Niemann eine Villa bauen lassen, die Luschan 1888 nach dem Tod des – in der Psychiatrie verstorbenen – Bruders erbt. Die Villa, offiziell Felicitas getauft, wird allgemein nur Swastika genannt. Denn der Anthropologe ist ein leidenschaftlicher Sammler von Gegenständen aus aller Welt, die das Hakenkreuz tragen. Aber die Swastika-Objekte, die er sammelt, unterscheiden sich vom späteren Emblem der Nazis: Das alte, weltweit verbreitete Hakenkreuz erscheint meist links drehend[15], was die Völkischen natürlich nicht übernehmen wollten, so dass sie das rechts drehende Hakenkreuz erfanden. Das Gästebuch der Villa Felicitas, in dem sich die Namen vieler bekannter Gelehrter finden, strotzt von Zeichnungen und Gedichten, die mit der links drehenden Swastika versehen sind. Als ein Freund nach dem Krieg warnt, die Begeisterung für das Hakenkreuzmotiv könne als Bekenntnis zur völkischen Bewegung missverstanden werden, findet Luschan das zunächst nur lächerlich und erlaubt sich bei seinem 1922 erscheinenden Buch über *Völker, Rassen, Sprachen* eine ironische Spielerei: Auf dem Einband prangen fünf von einem jüdischen Künstler nach japanischen Tsubas (Stichblätter der traditionellen japanischen Schwerter) gezeichnete Hakenkreuze. Aber gleichzeitig räumt er doch ein, dass „wir jetzt auf den Gebrauch dieses Symbols verzichten müssen, wenn wir bei der unwissenden Masse nicht in den Verdacht des Antisemitismus kommen wollen“[16]. Die zweite Ausgabe von 1927 im Lehmann-Verlag verzichtet auf die provokante

Umschlaggestaltung, die die Erstausgabe des jüdischen Weltverlages noch akzeptiert hatte.

Mit dem Hakenkreuzmotiv setzt sich Luschan auch wissenschaftlich auseinander. In der Debatte, ob das Motiv einen einzigen oder einen vielfachen Ursprung habe, optiert er für letzteres. 1898 lädt er den befreundeten englischen Archäologen und Ethnologen Henry Balfour, der gerade einen Artikel über Hakenkreuze veröffentlicht hat, zu einem Besuch nach Millstatt ein. „Sie können dort ein ganzes Haus und einen Wald finden", macht er Balfour den Besuch schmackhaft, „die beide unter dem Zeichen der Swastika stehen, jeder Grenzstein trägt es ebenso gut wie jede Gabel und jedes Handtuch. Es würde mich freuen, Ihnen einmal dort die Honneurs dieses Hauses machen zu können; ich würde dann die größte Swastika Flagge hissen, welche wir besitzen."[17]

Das Ehepaar verbringt soviel Zeit wie möglich in seiner Villa in Millstatt am See. Dort engagiert man sich in der Lokalpolitik, unterstützt z. B. die Initiative für einen geplanten Staudamm und den Bau eines Elektrizitätswerkes. Hier ist der Gelehrte bis zu seinem Tode unermüdlich als Arzt tätig. Unentgeltlich behandelt er die Bauern aus der Umgebung, und „der alte freundliche hilfsbereite Mann mit dem langen weißen Bart stand beim einfältigen Bauern beinah im Ruf eines Wundertäters"[18]. Für Luschan ist die ärztliche Tätigkeit zudem eine willkommene Gelegenheit, mit lebendigem anthropologischen ‚Material' in Berührung zu kommen, d.h. er pflegt die Patienten zu vermessen. Auf allen seinen Reisen, sei es in Kleinasien oder Amerika, versäumte er keine Gelegenheit, so viele Menschen wie möglich zu vermessen.

Auch wenn Luschan die meiste Zeit seines Lebens für das Völkerkunde-Museum arbeitet, behagt ihm diese Arbeit überhaupt nicht, da sein größtes Forschungsinteresse der Anthropologie und der Archäologie gilt. 1888 habilitiert er sich ein zweites Mal für das Fach Anthropologie, diesmal an der Philologischen Fakultät der Berliner Universität und hält dann Lehrveranstaltungen als Privatdozent ab. Im Frühjahr 1892 bewirbt er sich auf die neu errichtete Professur für Anthropologie an der Universität Wien. Aber gleichzeitig zweifelt er, ob die Bewerbung sinnvoll sei, da sich ihm gerade in Berlin neue Chancen eröffnen. Das Auswärtige Amt biete ihm nämlich an, regelmäßig Vorlesungen abzuhalten für Beamte und Offiziere, die in die „Schutzgebiete" gehen. Dadurch erhoffe er sich einen „sicheren Weg, in nicht allzu ferner Zeit auch hier das zu erreichen, was ich in Wien erreichen würde, nämlich eine akademische Professur, die es mir ermöglichen wird, die zeitraubende Thätigkeit am Museum ganz aufzugeben". Der Ruf nach Wien scheitert schließlich daran, dass es keinen Platz für seine umfangreiche anthropologische Sammlung gibt. 1897 erhält Luschan den Professorentitel, ist jedoch erbittert, dass er kein offizielles Extraordinariat bekommen hat, sondern man ihm, dem „langjährigen Museumsbeamten nur den Professor-Titel angehängt hat". Diese Missachtung verdanke er dem ihm feindlich gesonnenen Kultusminister Althoff, „weil ich mich an dem allgemeinen Bauchrutschen vor ihm nicht beteilige". Drei Jahre später erhält er erst eine außerplanmäßige Professur für Anthropologie. Er vermutet, dass der Wirtschaftshistoriker Gustav Schmoller zu seinen Gunsten gewirkt habe, der sich für den ethnologischen und anthropologischen Unterricht an den deutschen Universitäten stark machte.[19] Für beide Disziplinen existierte im Wilhelminischen Kaiserreich noch kein ordentlicher Lehrstuhl, wie etwa in Frankreich, England und Amerika.

Erst knapp ein Jahrzehnt später geht Luschans größter Wunsch in Erfüllung: Im Juni 1909 wird der 55-Jährige an der Berliner Universität Ordinarius auf dem ersten Lehrstuhl für Anthropologie im Deutschen Reich, der allerdings nur mit einer einzigen Hilfskraft ausgestattet ist. Zwei Jahre später lässt er den Museumsdienst hinter sich und erhält gleichzeitig den Titel eines Geheimen Regierungsrats. Nicht überliefert ist, ob Geheimrat Felix von Luschan beim Kaiser Vortrag halten darf wie sein Freund Robert Koldeway, der seit einigen Jahren die Ausgrabungen der Stadt Babylon leitet und dem die Exotik des Abenteurers anhaftet. Dieser wird bei einem Kurzurlaub in Deutschland im August 1904 vom Kaiser zum Vortrag empfangen, der sich bekanntlich sehr für den Orient interessierte. Gleich nach der Audienz wird Koldeway zur Kaiserin beordert, die Genaueres über eines der sieben Weltwunder der Antike hören will, die hängenden Gärten der babylonischen Königin Semiramis. Aber damit ist es noch nicht genug. „Im Laufe des Nachmittags kamen die Hofdamen eine nach der anderen zu Koldeway ins Hotel und baten ihn um Erläuterung mit der Begründung: heute Abend examiniert uns der Kaiser über das Gehörte, und da müssen wir Bescheid wissen."[20]

Luschan ist ein lebhafter und unkonventioneller Hochschullehrer. Er übt mit seinen Studenten Bogen- und Armbrustschießen. Seine Vorlesungen sind sehr gut besucht, Studenten verschiedenster wissenschaftlicher und politischer Ausrichtung versammeln sich um ihn. So ist der spätere Diplomat Friedrich-Wilhelm von Prittwitz, der 1933 aus Protest gegen Hitler das Auswärtige Amt verlassen wird, ein eifriger Hörer und fertigt 1921 die Mitschrift einer Vorlesung an.[21] Luschan, der Frauen als Gasthörerinnen zulässt, macht die Studierenden auf die Schriften des sozialdemokratischen Eugenikers Alfred Grotjahn sowie auf die Schriften von Rosa Luxemburg und Clara Zetkin aufmerksam. Der namhafte Anthropologe hält auch Vorträge bei der Arbeiter-Wohlfahrtseinrichtung, die großen Zulauf haben, gerade wenn es um die „Völkerkunde der deutschen Schutzgebiete" geht. Im Wintersemester 1904/5 beispielsweise kommen ca. dreihundert Personen, ein Drittel davon sind nicht-berufstätige Frauen. Bei den männlichen Hörern handelt es sich um Fabrikarbeiter, Gesellen und Handlungsgehilfen. Für diese Zuhörerschaft bietet Luschan thematische Führungen durch das Völkerkundemuseum an.

Nachdem die Ausgrabungen in Sendschirli aufgrund mangelnder Finanzierung nicht mehr weiter geführt werden können, unternimmt das Ehepaar 1905 eine Reise nach Südafrika, eingeladen von der British Association for the Advancement of Science. Der befreundete

Kollege Henry Balfour aus Oxford, den man in Kapstadt treffen wird, gibt auf Nachfrage genaue Anweisungen für den angelsächsischen Dresscode auf der langen Schiffsreise. „All the men will change to evening dress for dinner at 7.0., a short evening coat is very useful, I mean an evening coat without tails which counts as ‚half dress‘ for evening. I do not think that people will take frock coats and tall hats for afternoon receptions. (…).“ Außerdem solle man Schuhe mit Kautschuksohlen mitnehmen wegen der Rutschgefahr auf dem Schiff sowie viele weiße Shirts, da nicht immer ein Waschdienst verfügbar sei, auch Pyjamas seien wichtig, da das Badezimmer oft entfernt von der Kabine liege. Für den Landaufenthalt sei ein breitkrempiger Hut oder Sonnenhelm zu empfehlen sowie überhaupt Kleidung aus Flanell und bei den staubigen Zugreisen sei eine lange Überjacke aus dünner Alpakawolle, „very helpfull to your wife and yourself“[22].

In Südafrika angekommen, interessiert sich der Anthropologe besonders für die Khoisanvölker („Buschmänner“), gegen deren drohendes Aussterben er – in bester Absicht – Reservate empfiehlt. Natürlich ergreift er die Gelegenheit, Angehörige der Khoisanvölker zu vermessen. Emma obliegt dabei „die Messung weiblicher Eingeborenen, die sonst die Flucht ergriffen hätten“, berichtet um 1960 der Anthropologe Fritz Kiffner launig, Luschan-Schüler und verhinderter Biograph. Als der Meister „den Totalabguss eines lebenden Buschmannes vornimmt – eine technische Meisterleistung, die seinerzeit ein Unikum darstellte – da übernahm seine Frau die

Ernährung des kleinen Mannes durch einen Strohhalm. Mit größter Geduld ließ er diese schwierige Prozedur über sich ergehen und verzog keine Miene.“[23]

Mehr als anderswo meint Luschan in Südafrika bei den Engländern ein „liebevolles Eingehen auf die im wesentlichen kindliche Psyche des Afrikaners“ zu beobachten. Eine grausame Behandlung der Indigenen, so referiert er die pragmatische Haltung britischer Kolonialbeamter, würde zum Scheitern der Kolonialherrschaft führen und hier sei die Völkerkunde von großem politischen Nutzen. Tatsächlich war es die Notwendigkeit der kolonialen Herrschaftssicherung, die gerade in England und Frankreich nach dem Ersten Weltkrieg zur Annäherung der Ethnologie an die Soziologie führte. An dieser internationalen Entwicklung nahm die deutsche Ethnologie kaum teil, durch das Ende deutschen Kolonialbesitzes 1919 weitgehend auf eine museale Wissenschaft reduziert.

Auf der Schiffsreise von Südafrika zurück nach Europa bietet sich dem Anthropologen die seltene Gelegenheit, fünfundneunzig Europäer aus dem „oberen Mittelstand“ zu untersuchen. Während „einiger müßigen Stunden im Roten Meer“ lassen sich die Mitglieder der British Association und die Schiffsoffiziere vermessen. Allerdings muss man sich auf die Erfassung der Köpfe beschränken, denn die des Rumpfes und der Extremitäten „war durch die Umstände von vorneherein ausgeschlossen“, insbesondere wegen des Beiseins von Frauen. Bei diesen misst Emma, und der veröffentlichte Artikel trägt ihre beiden Namen.[24]

Der Ausbruch des Ersten Weltkrieges überrascht das Ehepaar in Australien, wo sie am 2. August 1914 an Land gehen, dem zweiten Mobilmachungstag des Deutschen Reiches. Geplant war eine längere Reise in die Südsee, insbesondere zur deutschen Kolonie Samoa, nach Neuseeland zu den Maori und weiter nach Indien. Plötzlich von England als feindliche Ausländer eingestuft, gelingt es den Luschans mit knapper Not, eine Schiffspassage zur amerikanischen Insel Hawaii zu ergattern. Ein Jahr lang reist man dann durch die Vereinigten Staaten, und Luschan hält viele, gut bezahlte Vorträge. Diese organisiert ihm sein Freund Franz Boas, führender amerikanischer Anthropologe und Ethnologe an der New Yorker Columbia University. Die beiden ehemaligen Museumskollegen stehen seit 1886, als Boas nach Amerika emigrierte, in engem, freundschaftlichen Briefkontakt.

Es ist vor allem die „negro question", die den deutschen Anthropologen in Amerika interessiert, die er nicht als „Rassenproblem", sondern als soziales Problem sieht. „Genauso wie bei uns in den Kreisen des Mittelstandes, die sich emporgearbeitet haben, Erbitterung und Hass gegen die Lohnarbeiter besteht, so ist in der Union die Negerbevölkerung Gegenstand wilden Hasses für die Nachkommen der armen Weißen und die verarmten Pflanzer." Die Lösung für die Zukunft liege „in der völligen Mischung und in einer wirklichen Aufheiratung des schwarzen Elementes in Amerika durch das weiße, ein Vorgang, der schließlich dazu führen würde, dass in einigen Jahrhunderten jeder Bürger etwa ein Zwanzigstel

Negerblut haben würde." Auch die Frage der „colour-line" beschäftigt ihn – heute durchaus noch aktuell, wie der 2000 erschienene Roman von Philip Roth *The humain stain* illustriert. Wann gilt jemand als „weiß" oder als „schwarz"? Luschan sammelt dazu amerikanische Zeitungsnotizen, z.B. eine aus dem Jahr 1914, die berichtet, dass acht Personen einer Familie, zunächst als „Neger" betrachtet, später offiziell zu Weißen erklärt wurden. Die Familienmitglieder galten als „Neger", weil der erste registrierte Ahne von 1786, ein Italiener, verheiratet mit einer weißen Frau, von dunkler Hautfarbe war. Jedoch dann zeigten die Kirchenregister sie „to be white and their appearance and situation in life seemed to support the church records".[25]

Ein kleines Erlebnis mit der amerikanischen Apartheidpolitik erinnert Luschan in seiner typischen paternalistischen Sicht, die ihm gleichzeitig die deutsche Kolonialpolitik im besten Licht erscheinen lässt. In Saint Louis „hatte ich einen großen öffentlichen Vortrag gehalten, von dem zufällig auch der Sohn eines ostafrikanischen Häuptlings gehört hatte, mit dem ich jahrelang in Briefverkehr stand und der meinen Vortrag hören wollte. In seiner Heimat wurde er von den einheimischen Behörden gar korrekt und freundlich behandelt, in Amerika wurde er natürlich nicht in den Saal gelassen und erwartete mich im Freien um mich zu begrüßen und um mir sein Abenteuer zu erzählen."[26] Nach seiner Rückkehr nach Deutschland im Mai 1915 veröffentlicht er noch im selben Jahr in der Kolonialen Rundschau einen viel beachteten, langen Artikel über „Die Neger in den Vereinigten Staaten", wo er wieder unterstreicht, dass die „negro question" keine Rassenfrage sei, sondern ein soziales Problem. Dort wendet er sich auch gegen das Vorurteil vom „Neger" als Schänder der weißen Frauen, denn die Statistiken zeigten, dass eher die weißen Männer vergewaltigten.

Wenige Wochen nach seiner Rückkehr aus Amerika fährt Luschan als Arzt an die italienische Grenze, um Verwundete zu pflegen. In den Kriegsjahren verbringt man so viel Zeit wie möglich im ländlichen, österreichischen Millstatt, wo die Ernährungslage etwas besser ist als in der deutschen Reichshauptstadt. Dort herrschen derart desolate Zustände, dass sogar das etablierte Bürgertum am selbstverständlichen Komfort sparen muss. „Ungeheizte Zimmer wie Sie könnte ich mir nicht leisten", schreibt Anfang 1917 ironisch ein befreundeter Kollege, der gerade eine Lungenentzündung überlebt hat, „und auch Sie kann ich nur warnen." Das Ehepaar erhält „Liebesgaben aus Amerika", beispielsweise zwei Kisten mit Kondensmilch, die es sogleich an die Mitarbeiter des Völkerkundemuseums verteilt. Aber auch in Österreich ist die Versorgungslage nicht gut. Ein Wiener Kollege mit Frau möchte gegen Ende des Krieges die Luschans in Millstatt aufsuchen und bittet um die Empfehlung eines Gasthauses. „Brot, Zucker und Konserven und sonstigen Trockenproviant nehmen wir mit, so dass wir eventuell auf Gasthausverköstigung verzichten können, wenn die Verpflegungsverhältnisse dort schlecht sind." Natürlich lädt Luschan in die Villa Swastika ein, aber der Kollege zögert, „die gütige Einladung unter den heutigen Verhältnissen“ anzunehmen, um die „mühsam erworbenen Vorräte“ nicht zu verringern, „heutzutage sind ja die nebensächlichsten Artikel, an die man sonst gar nicht dachte, unersetzlich“.[27]

Im Jahr nach Kriegsende veröffentlicht Luschan endlich das Werk, an dem er schon lange arbeitet: zwei großformatige, rein deskriptiv gehaltene Bände mit dem Titel *Altertümer von Benin*. 1897 hatte er in London mehrere Hundert jener spektakulären Bronzeplatten und -köpfe sowie beschnitzter Elfenbeinzähne aus dem Königreich Benin gekauft, die Offiziere einer englischen „Strafexpedition“ in Nigeria auf dem Londoner Kunstmarkt verhökerten. Luschan hatte die Einmaligkeit dieser Zeugnisse alter westafrikanischer Kunst sofort erkannt und kaufte die Objekte zunächst ohne Autorisierung des preußischen Kultusministeriums auf eigenes Risiko, mit Geld, das sein wohlhabender Bruder ihm lieh. Auf diese Weise kam das Berliner Völkerkunde-Museum in den Genuss der weltweit größten Sammlung von Benin-Bronzen. Der preußische Kultusminister segnete die eigenmächtige Aktion später ab. Für den Gelehrten ist es klar, dass die ungewöhnlichen Benin-Bronzen westafrikanischen Ursprungs sind, und er wendet sich in seiner Publikation gegen alle Hypothesen, die einen nichtafrikanischen – etwa indischen – Ursprung behaupten wegen der Darstellung indischer Händler auf den Elfenbeinschnitzereien. „Daraus aber irgendwelche Schlüsse auf einen indischen Ursprung der Benin-Kunst zu ziehen, wäre genauso albern“, konstatiert er in der Einleitung, „als wollte jemand die chinesische Porzellantechnik aus Deutschland ableiten, weil es chinesische Teller mit dem Wappen brandenburgischer Familien gibt.“ Die afrikanischen Kunstwerke faszinieren Luschan derart, dass er sich „wie mit einem Zauberschlag in die große Zeit von Kaiser Maximilian I und von Albrecht Dürer versetzt“sieht.[28] Heute ist international eine heftige Diskussion um die Rückgabe der in europäischen Museen gehorteten Benin-Bronzen entbrannt; die ersten Bronzen aus Berlin befinden sich seit Dezember 2022 im Nationalmuseum Nigerias.

Luschan hofft auf einen guten Absatz seiner Benin-Bücher vor allem im Ausland, da die für Deutschland nach dem verlorenen Krieg „üblen Valutaverhältnisse doch sicherlich als erheblicher Anreiz wirken. Die Ausländer haben deutsche Bücher niemals so billig kaufen können wie jetzt.“ In Amerika erscheint dank Boas‘ Vermittlung das Benin-Werk in einer speziellen deutschen Ausgabe, was die einzige Möglichkeit ist, es in Amerika überhaupt zu verkaufen. Denn auf in Deutschland gedruckte Bücher besteht seit 1917, seit Kriegseintritt der USA, ein Importverbot. Auch der Briefverkehr zwischen Angehörigen der beiden Feindmächte ist im Krieg erschwert. Aber der ständige Kontakt zwischen Luschan und Boas bricht nicht ab, da die Post über Boas‘ Schwester in Breslau – dort mit dem Verleger Rudolf Lehmann verheiratet – geleitet wird. Das Verhältnis zwischen deutschen und amerikanischen Gelehrten ist nach dem Krieg sehr angespannt, seitdem amerikanische, deutschstämmige Professoren eine Erklärung verabschiedet haben, „dass sie sich mit Abscheu und Verdammnis von Deutschland abwenden". Im übrigen teilte Luschan die Kriegsbegeisterung der meisten deutschen Hochschullehrer.[29]

Nach dem Krieg machen sich die Freunde Boas und Luschan große Sorgen um die internationale wissenschaftliche Zukunft Deutschlands. „Ebenso wie Sie", schreibt Luschan Anfang 1920, „bin ich zur Zeit noch völlig unsicher über die Art der künftigen Beziehungen zwischen den deutschen Gelehrten und den Kollegen in den feindlichen Ländern. Die große Mehrzahl der Franzosen wird natürlich noch durch sehr lange Zeit verrückt bleiben, aber ich fürchte, dass auch die Engländer noch lange Zeit unfreundlich bleiben werden." Er traue sich nicht einmal, ein Exemplar seines Benin-Werkes nach London zu senden, „obwohl ich vor dem Kriege schon jahrzehntelang die denkbar besten Beziehungen mit den englischen Kollegen hatte". Boas tut alles, um die intellektuellen Kontakte zwischen Amerika und Deutschland bzw. Österreich nicht abreißen zu lassen, indem er z. B. die Verteilung amerikanischer Bücher in Deutschland organisiert und umgekehrt eine systematische Kampagne zur Subskription deutscher Bücher bei deutschen Organisationen in Amerika startet. „Von dem was Sie in Amerika jetzt für die deutsche Wissenschaft thun, sind wir alle voll Rührung und Dankbarkeit, hoffentlich hilft uns das auch wirklich über die fast trostlosen Zustände hinweg in denen wir jetzt vegetieren." Die wirtschaftliche Misere zeigt sich auch bei den Fachzeitschriften. Für die

Bibliotheken ist der Kauf ausländischer Zeitschriften zu teuer geworden, und die hohen Druck- und Papierkosten bewirken den Bankrott manch wissenschaftlicher Zeitschrift. Die Wirtschaftsmisere und gleichzeitig die hohen Papierpreise führen zu ungewöhnlichen Verzweiflungstaten: „Wissenschaftler geben ihre umfangreiche Fachkorrespondenz bei den Altpapiersammelstellen ab", um auf diese Weise etwas Geld zu verdienen.[30]

Ab 1919 hat das Ehepaar wieder seinen Hauptwohnsitz in Berlin, in Lichterfelde am Stadtrand. Man tut alles, um die gewohnte Geselligkeit fortzusetzen. Die andauernde, desolate Wirtschaftslage und die galoppierende Inflation, die 1923 ihren Höhepunkt erreicht, beeinträchtigt die sonntäglichen Teenachmittage, diese beliebte Institution des intellektuellen Austausches im Hause Luschan. „Die wahnsinnigen Preise der Vorortbahnen usw. werden viele unserer Freunde abhalten, uns zu besuchen", befürchtet der Hausherr „und außerdem taumeln wir von einem wahnsinnigen Streik in den anderen. Noch ist der große Eisenbahnerstreik nicht ganz überwunden und schon sind wir wieder einmal ohne Wasser, Gas und Elektrizität, als ob das Leben nicht ohnehin schon schwer genug wäre." Luschans Vorträge fallen nun öfter aus, weil die Säle wegen Kohlenmangels nicht beheizbar sind. Um das Budget aufzubessern, wird die Villa in Millstatt ab und an vermietet, zumal die große Wohnung in Lichterfelde Zentralheizung besitzt und erhebliche Kosten verursacht. Aber nicht nur zuhause ist es kalt, sondern auch im Museum, wo der – seit 1921 emeritierte – Anthropologe wieder vermehrt an seinen anthropologischen Sammlungen arbeitet. „Kein Wunder", dass er seine Grippe nicht los werde, „da ich im Museum täglich xmal zwischen Keller und Dachgeschoss auf und ab laufen muss; dabei hat es in den zwei warmen Kellerräumen, in denen meine Studenten arbeiten 23 Grad Celsius, in meinem Dienstzimmer 12 Grad und oben in der Sammlung 3-4 Grad, ein wahrhaft idealer Zustand."[31]

Die Emeritierung erlaubt dem Wissenschaftler nun, konkrete Pläne zur Auswanderung zu schmieden. Schon länger denkt er an eine Emigration nach Amerika, und zwar nach Kalifornien oder Honolulu. „Es wird doch voraussichtlich sehr schwer sein, sich im Alter in den amerikanischen Verhältnissen einzugewöhnen", warnt ihn ein Kollege, „und ihre zahlreichen Freunde in Deutschland würden das sicher unendlich bedauern." Es hat nicht den Anschein, dass Luschan aus politischen Gründen, d.h. weil er die neue Republik ablehnt, an Auswanderung denkt, sondern schlicht aus Widerwillen gegen den mühsamen Alltag der Nachkriegszeit. Aus den Amerika-Plänen wird nichts, im Herbst 1922 siedelt das Ehepaar stattdessen gänzlich nach Millstatt über, denn „einen doppelten Haushalt wie jetzt können wir auf Dauer nicht bezahlen".[32]

Es ist nicht zuletzt Luschans angegriffene Gesundheit, die einer Auswanderung nach Amerika im Wege steht. Seit seiner ersten Grabung in Sendschirli 1888 leidet Luschan an verschiedenen, nie eindeutig diagnostizierten Krankheiten. Im Frühjahr 1889 ließ er sich vom Museumsdienst beurlauben, um sich im warmen Kairo und Beirut zu erholen und Kräfte zu schöpfen für die nächste Ausgrabung in Sendschirli. Die Generalverwaltung der Preußischen Museen bewilligte zwar diesen Erholungsurlaub, bemerkte aber misstrauisch, dass dieser „nur so zu verwenden sei, wie es zur Ihrer baldigen und vollständigen Wiederherstellung am zweckdienlichsten ist" und verbot mit deutlichen Worten einen heimlichen Abstecher nach Sendschirli. Immer wieder erkundigen sich die Briefpartner nach Luschans fragiler Gesundheit, ob er z.B. auch in Berlin nur abgekochtes Wasser trinke, wie er es von den Grabungen und Reisen gewohnt sei.

Im Frühjahr 1923 sucht das Ehepaar Erholung bei deutsch-amerikanischen Freunden in Ägypten. In Kairo besucht man die Museen. „Von dem Arabischen Museum bin ich geradezu begeistert", schreibt Luschan an den Ägyptologen Heinrich Schäfer. „Es ist ein Schmuckkästchen, wie man sich ein schöneres kaum vorstellen kann. Um so grässlicher ist die Wirtschaft im Museum für ägyptische Altertümer. Die Etiketten liegen meist ganz unten am Sockel, sodass man auf einige hundert Kniebeugen pro Stunde kommt. Auch ist immer ein großer Teil abgesperrt, weil das ganze Haus baufällig war, ehe es noch eröffnet wurde." Es amüsiert ihn, dass der deutsche – 1894 verstorbene – Ägyptologe Brugsch so bekannt in Ägypten ist, dass alle dort aufkreuzenden jungen Ägyptologen nun Beragisch genannt werden, entsprechend der arabischen Pluralbildung. Noch während der Heimfahrt von Ägypten erleidet er einen schweren Krankheitsschub, die

Ärzte sprechen nun nicht mehr wie bisher von Malaria, sondern von Paratyphus. „Es mutet mich fast widersinnig an“, schreibt ihm sein Schüler Wilhelm Scheidt, „dass Sie als alter Weltreisender das viele Schöne und Interessante, mit dem Sie Ihr Leben so reichlich auffüllen durften, nun durch wieder auftauchende Übel sollen entgelten müssen.“ Luschan selbst betrachtet sein Leiden mit dem üblichen Sarkasmus: „Was mich bei der ganzen Sache besonders schmerzt, ist das Fehlen einer Diagnose, die anscheinend erst bei der Autopsie gemacht werden wird.“[33]

Nicht nur Alltagssorgen und prekäre Gesundheit vergällen dem Gelehrten das Leben, sondern auch die Sorgen um die Zukunft seines Lehrstuhls. Es kursiert das Gerücht, sein Anthropologie-Lehrstuhl solle abgeschafft werden und zwischen Ethnologie und Anatomie aufgeteilt werden. Vom Preußischen Kultusministerium, „dem größten Lügenkeller Berlins“, kann Luschan nichts Genaues erfahren. Schon Ende 1921 hat er der Fakultät Hermann Struck als seinen Nachfolger vorgeschlagen, zur Zeit Kustos am Völkerkundemuseum in Dresden und noch nicht habilitiert. Struck ist auch Graphiker; er hat 1917 die Lithographien in dem kleinen Buch zusammen mit Luschan über *Kriegsgefangene* angefertigt und 1920 zusammen mit dem sozialistischen Schriftsteller Arnold Zweig *Das ostjüdische Antlitz* verfasst, eine ungenierte Glorifizierung des Ostjudentums. Luschan betrachtet Hermann Struck, der sich selbst als traditionellen Juden bezeichnet und am Freitagabend die Familie nicht für Vorträge verlassen will, als eine Art Sohn. In ihm sieht er die Breite des Faches Anthropologie gewährleistet, insbesondere die Öffnung zur Ethnologie, Geographie und Sprachwissenschaft, wie er sie immer anstrebte. Luschan fürchtet die „Wiedereroberung der Anthropologie durch die Anatomie", die er überall beobachtet. So interessiert sich für den Berliner Lehrstuhl der bekannte Anatom Rudolf Martin aus München, der Verfasser des einzigen Lehrbuchs für Anthropologie in deutscher Sprache. Auf Martin ist Luschan nicht gut zu sprechen, habe der doch 1920 „in Gegenwart meiner Frau ganz formell erklärt, dass ich die Anthropologie in Deutschland ruiniert hätte, weil ich einen so großen Teil meiner Zeit an Völkerkunde usw. verschwendet hätte". Dagegen sehe er es gerade als sein Verdienst an, dass sein ursprünglich nur der physischen Anthropologie gewidmete Lehrstuhl „stillschweigend und ohne dass ich darum den Finger gerührt hätte" seit der Kriegszeit „in allen amtlichen Verzeichnisses etc. auf Anthropologie und Völkerkunde geändert worden ist".[34]

Luschans Zuneigung zu dem Zionisten Struck kann selbst ihr Dissens über die 1922 erschienene *Rassenkunde des deutschen Volkes* von Hans F. Günther nicht erschüttern. „Ich habe jetzt wieder einmal Günthers Buch vor mir", schreibt er ihm, „und wundere mich immer von neuem, dass Sie es in Schutz nehmen. An dem ganzen Buch ist nichts, rein gar nichts Gutes als allein ihre Kartenskizzen." Gegenüber Boas bekennt er: „Zu meinem wirklichen Schmerz" hat sich an der Fakultät eine „Gegenströmung" gegen Hermann Struck als seinen Nachfolger gebildet, „wobei man ihm vor allem seine angebliche

Freundschaft mit Frobenius und mit Günther vorwirft". Tatsächlich beurteilt Struck die Günthersche Rassenkunde sehr positiv. Damit stehe er nicht allein, verteidigt er sich bei seinem Mentor. Das Buch „entspricht einem Bedürfnis", und auch viele Rassenhygieniker hätten sich regelrecht begeistert geäußert. Struck hatte zusammen mit dem Rassenhygieniker Friedrich Lenz das Manuskript durchgesehen und Günther „von den inkriminierenden Bezeichnungen" – womit vor allem der Begriff der „alpinen Rasse" gemeint war, – „abgeredet, aber freilich nichts Besseres gewusst".[35] Diese ominöse „alpine Rasse" galt als gefährlicher Gegenspieler der „nordischen Rasse", jenem Hort der fragilen „arischen" Essenz, die Mitte des 19. Jahrhunderts Arthur de Gobineau erfand. In Europa verkörperte die dunkle „alpine (oder ostische) Rasse" das asiatische (slawische) Element sowie tendenziell die Unterschichten. Eine „jüdische oder semitische Rasse" jedoch kam im Güntherschen Rassenkampf-Szenario nicht vor.[36] Insofern ist es verständlicher, dass auch Struck als Jude vom „Rassengünther" begeistert sein konnte.

Als Luschan im Frühjahr 1923 nach Ägypten reist, will er für die Dauer seiner Abwesenheit Struck die Herausgebertätigkeit der Zeitschrift für Ethnologie übertragen. Er würde jedoch seine Sympathie verlieren, warnt er seinen Protegé, wenn er „diese Gelegenheit benutzen würde, Hans Günther oder etwa Herrn Frobenius die Spalten dieser Zeitschrift zu öffnen". Der Autodidakt Leo Frobenius und seine populärwissenschaftlichen Bücher begeisterten die Leser durch seine Theorie vom untergegangenen mythischen Kontinent Atlantis, die die alte Kunst von Ife und später Benin in Westafrika erklären soll. Mit Frobenius und seiner „abenteuerlichen" Atlantis-Theorie ärgert sich Luschan schon seit einem Jahrzehnt herum und hält sich nicht mit entsprechenden Äußerungen zurück. Beleidigt ersucht Frobenius den bekannten Anthropologen 1912 um eine Art wissenschaftliches Duell in mündlicher oder schriftlicher Form, um den „unvermeindlichen Kampf so ritterlich und würdig wie möglich auszufechten". Diesem Plan, „in der Anthropologischen Gesellschaft im Beisein von Protokollanten eine Art Disputation zu veranstalten, kann ich in keiner Weise zustimmen", antwortete Luschan, „ähnliches war vor vier oder fünf Jahrhunderten üblich, erschiene mir aber heute als ein richtiger Anachronismus. Sollten Sie aber, was man zwischen den Zeilen Ihres Briefes vielleicht herauslesen könnte, auch Grund zu persönlichen Klagen über mich zu haben glauben, dann wenden Sie sich am einfachsten mit einer Beschwerde an meine vorgesetzte Behörde." Luschans Aversion gegen Frobenius' Arbeiten steigert sich immer mehr, und 1923 hält er diese für „geradezu widerwärtig". Er sei nicht allein mit der Vermutung, „dass sehr viele Ethnographen einmal lange Jahre damit zu tun haben werden, den ganzen phantastischen Kram wieder aus der Welt zu schaffen, mit dem der Mann uns überschüttet". Im Gegensatz zu Felix von Luschan blieb Leo Frobenius als bekannter Ethnologe der Nachwelt allerdings unübersehbar erhalten – die antikolonialistische Bewegung der Négritude in den dreißiger Jahren stützte sich auf seine Schriften, und er gründete das später nach ihm benannte ethnologische Institut in Frankfurt am Main. Hermann Struck siedelt zu Luschans Bedauern 1922 mit der Familie nach Palästina um und genießt noch heute in Israel großes Ansehen als Graphiker und Maler, wobei seine Anfänge als Anthropologe vergessen scheinen.[37]

Luschans letzte zwei Lebensjahre bleiben von der Sorge um das Schicksal seines Anthropologie-Lehrstuhl überschattet. Auch sein ehemaliger Schüler, der bekannte Freiburger Anthropologe und Eugeniker Eugen Fischer ist interessiert. Ihn hat das Preußische Kultusministerium um ein Gutachten in der Berufungsfrage gebeten, wobei er „ganz entschieden für die Trennung von Anthropologie und Völkerkunde eintrat". Struck berichtet seinem Mentor von einem Gespräch mit Fischer, den er als „liebenswürdig und offen" empfunden habe, eine Einschätzung, die Luschan überhaupt nicht teilt. Er betrachtet Eugen Fischer seit Jahren mit wachsender Feindseligkeit. Das war nicht immer so. Fischer, zwanzig Jahre jünger als Luschan, hatte früher seinen Lehrer immer wieder um Unterstützung für seine Projekte gebeten. Als er sich 1908 auf die Erforschung der „Rehobotherbastarde" in „Deutschsüdwestafrika" vorbereitet, bittet er, ihm „nichts Böses zu prophezeien, sondern seien Sie gut und hoffen mit mir, dass ich einige brauchbare Resultate an den Bastards finde. Ich hoffe es so sehr, dass es so kommen muss!"[38]

Fischers Feldstudie im heutigen Namibia, deren Ergebnisse 1913 in dem Buch *Die Rehobotherbastards oder das Bastardisierungsproblem beim Menschen* publiziert wurden, bildeten einen Wendepunkt in der damaligen Rassenforschung, indem erstmals die Mendelschen Erbregeln auf Rassenmerkmale angewendet wurden. Was Luschan schon seit Jahren beobachtete, dass eben „Rassenmischung" nicht – wie überwiegend behauptet – zur Entstehung einer stabilen „Mischrasse" führe, sondern zur gesetzmäßigen „Entmischung", das untermauerte Fischer 1913 empirisch, dass eben die Typen der „Ausgangsrassen" wieder herausgemendelt würden. Es ist auffällig, dass Luschan sich nie deutlich zu Fischers neuem anthropologischen Paradigma äußerte. Der Bruch zwischen den beiden nun führenden Anthropologen ist 1913 noch nicht endgültig, denn noch 1915 bittet Fischer seinen Lehrer seine Beziehungen spielen zu lassen für eine Stelle als Stabsarzt beim türkischen Kriegspartner. „Ich habe offenbar eine glückliche Hand darin", äußert Fischer selbstherrlich, „mit Menschen ganz fremder Rasse, Nationalität und uns nicht leicht verständlichem Gefühlsleben zu verkehren und mit ihnen zu machen, was ich will."[39]

Ganz abgesehen davon, dass der eitle, junge Eugeniker und der sarkastische, alte Anthropologe einen völlig unterschiedlichen Charakter besaßen, trennte sie vor allem die rassentheoretische Haltung. Luschan lehnt die Verherrlichung der „arischen" bzw. „nordischen Rasse" und den „Arierfimmel" ab, Fischer jedoch „verehrt Gobineau" und hält „dessen Werk für genial". Luschans negatives Urteil über Fischer verdichtet sich bis zur völligen Verachtung. Auf einen von Fischer übersandten Sonderdruck

(„Rassenprobleme in Spanien") notiert er am 6. September 1919: „In Form und Inhalt gleich schlampig: Völlig minderwertiges Zeug!!", und er erwähnt auch den „sehr hochmütiger Brief" des Autors vom selben Tag. Luschan, der am 24.Februar 1924 stirbt, hätte sich wohl im Grabe umgedreht, wenn er gewusst hätte, dass ausgerechnet der „hochmüthige" Eugen Fischer 1927 der Nachfolger auf seinem Lehrstuhl wird und gleichzeitig Leiter des neuen Kaiser-Wilhelm-Instituts für Anthropologie, menschliche Erblehre und Eugenik. Der völkerkundliche Anteil der physischen Anthropologie ist nun definitiv durch die Eugenik verdrängt.

„Ausgrabungen sind unberechenbar“: Der Archäologe im türkischen Sendschirli 1888-1891

Der junge Direktorialassistent am Völkerkundemuseum begeistert sich nicht sonderlich für seinen Beamtenposten. Die archäologische Stätte, die er dank der Hinweise eines Müllers auf der Reise 1883 bei dem Kurdendorf Sendschirli (Zincirli) in Kleinasien entdeckt hat, geht ihm nicht aus dem Sinn. Im Herbst 1887 verfasst er einen Plan für eine Ausgrabung in Sendschirli, der auf das Profil des Orient-Komitees zugeschnitten ist, das sich in seiner Gründungsphase befindet. Seit Schliemanns spektakulärer Ausgrabung des homerischen Troja 1873 war im Deutschen Kaiserreich eine große Begeisterung für die Archäologie Kleinasiens aufgekommen und der nationalistische Wunsch entstanden, auf diesem Gebiet mit den anderen Großmächten zu konkurrieren. Denn bisher hatte sich Deutschland begnügt, „das zu erklären, was jene fanden“.[40] Dass bei der Gründungsversammlung des Orient-Komitees am 26. Februar 1888 bereits über Luschans Expeditionsplan verhandelt wird, zeigt, wie gut der Österreicher nach noch nicht einmal drei Jahren in Berlin vernetzt ist.

Im Sommer des Jahres zuvor war ein „Comité behufs Erforschung der Trümmerstätten des alten Orients“ zusammengetreten, das aus achtundvierzig Personen bestand, davon die Hälfte Bankiers und Fabrikbesitzer. Die andere Hälfte umfasste viele bekannte Wissenschaftler wie den Archäologen Ernst Curtius, den Ägyptologen Adolf Ermann und den Orientalisten Edouard Sachau, aber auch junge Wissenschaftler wie Robert Koldewey und eben Luschan. Schatzmeister wurde der jüdische Bankier Gerson von Bleichröder, Reichskanzler Bismarcks Vertrauter und einer der führenden Privatbankiers seiner Zeit. Neben Bleichröder gab es auch weitere jüdische Mäzene wie den Nationalökonomen Richard von Kaufmann, der Vorsitzender des Orient-Komitees wird, und den Industriellen James Simon, der 1898 die finanziell bestens ausgestattete Deutsche Orient-Gesellschaft gründen wird, die dann das Orient-Komitée bedeutungslos macht. Den deutschen Staatsbürgern jüdischen Glaubens – so die Bezeichnung des 1893 gegründeten Centralvereins – lag die Erforschung des alten, nicht zuletzt semitischen Orients besonders am Herzen.

Als Ziel des neuen Vereins war festgelegt, „Aufschlüsse über die Herkunft und den Entwicklungsgang unserer eigenen Cultur" zu erlangen und daher „Altert-hümer orientalischer Herkunft in fachmännischer Weise auszugraben resp. zu erwerben und dieselben deutschen Museen zum Selbstkostenpreis zur Verfügung zu stellen". Innerhalb von wenigen Monaten wurde ein beträchtliches Betriebskapital bei Fachmännern und „opferfreudigen Laien" eingeworben. Alle drei deutschen Herrscher, die im sog. „Dreikaiserjahr" 1888 zur Macht kamen bzw. verstarben, gewährten dem neuen Verein „beifällige Kenntnisnahme". Zu den Förderern gehörten ferner das Preußische Kultusministerium sowie die Generalverwaltung der Königlichen Museen, die für die jeweilige Grabungskampagne ihre Beamten, zuallererst Luschan, beurlaubten. Eine besondere Danksagung in den Statuten fällt auf: gerichtet an seine Exzellenz Hamdy Bey, den Generaldirektor der kaiserlich-türkischen Museen.

Auf Hamdy Beys Kooperation sind alle europäischen Ausgrabungen im Osmanischen Reich angewiesen. Hamdy Bey ist seit 1881 Direktor der kaiserlichen Museen in Konstantinopel und der Initiator des osmanischen Antikengesetzes vom 21. Februar 1884, das den ausufernden, europäischen Grabungen im Orient sowie den illegalen Exporten von Antiquitäten einen Riegel vorschob. Das Gesetz schreibt vor, dass alle Funde auf dem Boden des Osmanischen Reiches diesem gehören. Fundstücke dürfen nur exportiert werden, wenn das imperiale Museum in Konstantinopel ähnliche bzw. vergleichbare („semblable") Objekte besitzt. Aber wie wird bei Fundstücken verfahren, auf die als neue „Entdeckungen" der Tatbestand der Ähnlichkeit gar nicht anwendbar sein kann? Diese Teilung ist, wie wir noch sehen werden, eine elementare und überaus delikate Sache, von der der vorzeigbare Erfolg jeder Grabung abhängt. Das Gesetz legt Verhandlungen über den Preis fest, den der „entrepreneur des fouilles" für die ihm zugesprochenen Fundstücke an die Hohe Pforte zahlen muss. Die Grabungsgenehmigung erteilt der türkische Unterrichtsminister zusammen mit dem Museumsdirektor, also Hamdy Bey. Fünf livre turc (= ca. 90 Mark) sind für eine Konzession bis zu sechs Monaten zu zahlen. Die ausgrabende Institution muss eine

– bei Beendigung rückzahlbare – Kautionssumme bei der Banque Ottomane hinterlegen. Auch die Modalitäten des Transportes sind im Gesetz geregelt. Der Sultan stellt für die auf einen bestimmten Zeitraum festgelegte Grabung ein Dekret (Ferman) aus, das auch verlängert werden kann. Die Dekrete für die vier sukzessiven Grabungen in Sendschirli lauten auf den Namen des Orient-Komites, das als „entrepreneur des fouilles" damit die alleinige Verantwortung trägt.

Wer war Osman Hamdy Bey (1842-1910), von dem der Erfolg einer europäischen Grabung im Osmanischen Reich abhing? Ältester Sohn eines Großwesirs – des höchsten Regierungsbeamten unter dem Sultan – kam er mit achtzehn Jahren für acht Jahre nach Paris, um Jura zu studieren, ließ sich aber stattdessen dort als Maler ausbilden. Seine Affinität zu Frankreich war so groß, dass er sich zweimal mit einer Französin verheiratete. Hamdy Beys großes Interesse für die Malerei führte 1882 zur Errichtung einer modernen Kunstakademie in Konstantinopel. Im Jahr zuvor hatte er das erste archäologische Museum des Osmanischen Reiches gegründet, das „Museum des Imperiums". Seitdem war er der offiziell führende türkische Archäologe. 1883 leitete er zusammen mit Carl Humann die Expedition zum Nemrud Dagh, an der auch Luschan teilnahm und der seitdem ‚einen guten Draht' zu dem einflussreichen Mann hatte.

Sechs Jahre später erhält Luschan die Möglichkeit, den Kontakt noch weiter auszubauen. Carl Humann, der als deutscher Konsul in Smyrna häufig Hamdy Bey zu

Besuch hat, informiert im Sommer 1889 Luschan, dass Hamdy Bey mit Familie auf der Rückkehr vom Archäologischen Kongress in Paris und einem Besuch Londons im September sechs Tage im Berliner Hotel Kaiserhof logieren werde. „Er hat mich um Ihre Adresse gebeten. Sie wissen, wie wichtig es für uns ist, dass er in Berlin einen guten Empfang findet, zumal die Franzosen und Engländer ihn genügend flattieren werden. Er will zwar in erster Linie die Museen sehen, möchte aber auch gern Adolf Menzel und andere Maler-Koryphäen kennen lernen." Humann habe daher dem Direktor der Königlich-Preußischen Museen geschrieben, dass Luschan durch seine „intime Bekanntschaft wohl am geeignetsten wäre, Hamdy als Führer zu dienen. Was Sie in sechs Tagen machen können, weiß der Himmel: Museen, Paläste, Monumente, Tiergarten, Zoologischer Garten, Aquarium, Panoptikum, Ringbahn, Besuche etc. Vergessen darf man nicht, während seines Dortseins sein Gemälde gut aufzustellen, überhaupt es an keiner Aufmerksamkeit fehlen zu lassen." Offensichtlich erfüllt der Österreicher seine Rolle zu größter Zufriedenheit. Denn die Frau Hamdy Beys dankt Frau Luschan schriftlich für die Gastfreundlichkeit, und die Tochter Hamdy Beys ergreift den Anlass, um auf Deutsch einen Dankesbrief an die Gastgeberin zu schreiben. Auch Humann ist mit Luschans Einsatz zufrieden, denn „der allmächtige Hamdy habe nach seiner Rückkehr mit keinem Wort erwähnt, dass er irgendetwas ihm Unangenehmes im Museum gesehen. Er hat doch wohl nur imponieren wollen. Wir sind nach wie vor die besten Freunde."[41]

Als Luschan so erfolgreich den Fremdenführer für die türkische Exzellenz spielt, liegt die erste Ausgrabung in Sendschirli schon hinter ihm. Sie dauerte vom 9. April bis zum 22. Juli 1888 und wurde zunächst von Humann geleitet, der nicht nur deutscher Konsul in Smyrna ist, sondern auch Auswärtiger Direktor der Berliner Museen. 52.000 Mark stellt das Orient-Komitee zur Verfügung. Die Reise zum Ausgrabungsort dauert mehr als zwei Wochen. Von Triest fährt man mit der österreichischen Dampfschifffahrt-Gesellschaft Lloyd nach Smyrna, von dort nach Alexandrette (Iskenderum), was insgesamt acht Tage dauert. Dann geht es mehrere Tage zu Pferd in das Kurdendorf Sendschirli. Da ist ein großer Tross unterwegs, allein zwei Pferdelasten machen die vier Kisten mit Kleingeld aus, nötig für die Bezahlung der Arbeiter, aber auch für den „König Bakschisch". Eine vollständige Feldschmiede gehört zur Ausrüstung, ferner ein Steinmetz, Tischler sowie Zimmerleute und natürlich viele Spitzhacken, Schaufeln, Schubkarren und Tragkörbe. Ein einziges Gewehr wird mitgeführt, das zu Jagdzwecken dient. Eine gut sortierte Apotheke gehört zur Ausrüstung, die u.a. viel Jodkali enthält – zur Behandlung der in Vorderasien weit verbreiteten Syphilis, allerdings nicht bestimmt für die Expeditionsteilnehmer, sondern für die Einheimischen.

Wie im Antikengesetz vorgeschrieben, überwacht ein türkischer Kommissär die Grabung und führt ein Journal über die Funde. In Alexandrette werden die neun griechischen Aufseher und Handwerksmeister eingestellt und bereits die ersten Arbeiter, alle weiteren werden in den umliegenden Kurdendörfern bei Sendschirli rekrutiert, so dass schließlich mit hundert Arbeitern gegraben wird. Der Koch kommt aus Troja angereist, wo er für Schliemanns Truppe gesorgt hat. Überhaupt werden Facharbeiter oder erfahrene Aufseher zwischen den verschiedenen Expeditionen hin und her gereicht. Auf dieser ersten Grabung entwickelt Luschan seine Techniken im Umgang mit den Arbeitern, die er 1906 in Neumayers vielgelesenen *Anleitung zu wissenschaftlichen Beobachtungen auf Reisen* zur Nachahmung empfiehlt. „Jeder einmal angenommene Arbeiter erhält eine mindestens 6 x 9 cm große Karte aus gutem Papier, auf der sein Name und der seines Vaters, sein Wohnort und sein Tageslohn steht. An jedem Morgen vor Sonnenaufgang notiere ich jedem Arbeiter den Kalendertag auf seine Karte. Am Abend (nach der Werkzeugablieferung) signiere ich jedem einzelnen Mann unter der Datumsziffer mit den Anfangsbuchstaben meines Namens." Das Kürzel könne nicht gefälscht werden aus dem einfachen Grund, dass kein Arbeiter einen Bleistift besitze. Gegen andere Fälschungen – dass z.B. ein kräftiger, gut bezahlter Mann einen anderen, nicht angeheuerten mit seiner Karte schickt – empfehle er, auf den Karten, zumal bei mehr als dreißig Arbeitern, jeweils eine physiognomische Auffälligkeit zu notieren. Vier Mark monatlich erhält ein einfacher Arbeiter, die Handwerker und Aufseher dagegen 70 Mark und Luschan 600 Mark.

Als erstes wird das Lager gebaut. Luschan und Humann sowie der türkische Kommissär wohnen in Steinbaracken, den „Herrenbaracken". Die kurdischen, aber zum Teil auch armenischen Arbeiter leben weit entfernt davon in „Bretterbuden", die ungefähr jeweils dreißig Personen beherbergen. Das Fachpersonal – der Steinmetz, die Tischler etc. – wohnt in der „Meisterbaracke". Luschan behandelt als Arzt die Arbeiter und ihre Angehörigen gratis, täglich empfängt er für drei Stunden Patienten. „Es ist ein angenehmes Gefühl, am Schluss einer Campagne sich zu sagen, dass man in wenigen Monaten so nebenher vielleicht fünfzig Menschen das Augenlicht erhalten und von Syphilis geheilt hat." Aber nicht nur an Geschlechtskrankheiten leidet die Bevölkerung, sondern auch an Lepra und anderen ansteckenden Krankheiten. Gerade deshalb muss „das Barackenlager durch Wall und Graben für alle Einheimischen unzugänglich" gemacht und der Zugang von Wächtern kontrolliert werden. Die Kranken werden in einem Raum behandelt, der in 100 Meter Distanz zur Hauptbaracke der Europäer liegt.[42] Natürlich hat Luschan die behandelten Kranken auch vermessen.

Die Expeditionsteilnehmer erkranken während dieser ersten Grabung in Sendschirli im Sommer 1888 nach und nach alle an „perniciösem Wechselfieber" (Malaria), Humann so schwer, das er zeitweilig nach Smyrna zurückreist und Luschan nun die Gelegenheit hat, sich als offizieller Leiter hervorzutun. Noch ein weiterer ‚Glücksfall' kommt ihm zugute in der Person Hassan Beys, der die Aufsicht über die Arbeiter führt – und im übrigen doppelt soviel Gehalt erhält wie die griechischen Facharbeiter. Diesen Mann hat Luschan bereits auf der Expedition 1883 zum Nemrud Dagh kennen- und schätzengelernt. Der „vornehme Tscherkesse" aus Ankara, der von „bescheidenem Grundbesitz lebt", gehört zu jener ethnischen Minorität, die hauptsächlich Mitte des 19. Jahrhunderts aus dem Kaukasus in die Türkei kam. „Wir waren etwa gleichen Alters und teilten damals Leid und Freud einer schwierigen Expedition wie zwei leibliche Brüder." In diesen Worten Luschans klingen Karl Mays Winnetou und Old Shatterhand durch. „Von ihm habe ich auch die Ruhe gelernt, die im Verkehr mit türkischen Behörden und überhaupt mit Orientalen so nötig ist, und ihm verdanke ich ungezählte Beweise wahrer und aufopfernder Freundschaft." Hassan Bey verhandelt mit den Lokalbehörden und schützt die Kleinfunde vor Diebstahl, denn die Arbeiter wurden sich zunehmend deren Wertes bewusst. Wenn Kleinfunde zu erwarten sind, setzt Hassan Bey einen anderen Tscherkessen zur Kontrolle ein, der normalerweise solch unfreie Arbeit nicht akzeptieren würde. In jeder Gruppe von Arbeitern hat er als Mittelsmann eine Art Spion, der ihm abends am Lagerfeuer Bericht erstattet. Das war nicht unnötig, wie folgende Episode illustriert. Eines Tages kam ein vornehm aussehender Armenier („wie ein assyrischer König") ins Lager, unter dem Vorwand, ärztliche Hilfe bei Luschan zu suchen. Tatsächlich aber versprach dieser Mann den armenischen Arbeiter für jeden abgelieferten Fund einige Silberpiasten zu zahlen. Luschan „ritt daraufhin zum befreundeten Richter in der nächsten Kreisstadt, und wenige Stunden später kamen zwei berittene Polizisten mit Handschellen"[43].

Zwischen dem Berliner Wissenschaftler und Hassan Bey entsteht eine lebenslange Freundschaft. Sie korrespondieren auf Französisch, wobei der Tscherkesse die Briefe einem Übersetzer diktiert, zumal er selbst nicht lesen und schreiben kann. Mit „votre tres dévoué sécretaire et ami" lässt er unterzeichnen. Luschan bemüht sich um einen preußischen Orden für den Freund, ob allerdings mit Erfolg, ist ungewiss, da nur ein Briefentwurf erhalten ist. „Bewundernswert war seine prächtige Art, mit der er die eingeborene Bevölkerung zu behandeln wusste", heißt es dort. „Er hat uns über alle Schwierigkeiten hinweggeholfen, die sich gerade in Sendschirli in reichem Maße auftaten. Die Habgier der Lokalbehörden, die Feindseligkeiten zwischen den einzelnen Kurdenstämmen würden meine Zeit den eigentlichen Aufgaben der Expedition entzogen haben, wenn ich Hassan Bey nicht an meiner Seite gehabt hätte. Mit dem Takt des vornehmen Mannes und mit seiner seltenen diplomatischen Begabung hat er es immer wieder verstanden, diese Hindernisse aus dem Wege zu räumen. Ganz besonders groß aber waren auch seine Verdienste um den Transport der gefundenen Bildwerke."[44] Für die komplizierten, wochendauernden Transporte der Fundstücke zum Hafen von Alexandrette, durch Sümpfe und an Felsklippen entlang, requiriert Hassan Bey speziell seine Landsleute.

Die Grabung dauert erst drei Wochen, als sich ein unerwarteter, immenser Erfolg einstellt. Ein großer Torbau kommt zum Vorschein, in dessen Vorhof man eine mit Keilschrift versehene Stele des assyrischen Königs Asarhaddon (680-620 v.u.Z.) findet. Dass es sich aber um die in den Schriftquellen erwähnte aramäische Stadt Sam'al handelt, wird allerdings erst bei der zweiten Grabung 1890 zur Gewissheit, bisher ist es nur eine Vermutung. Zwei große, steinerne Löwen werden in den nächsten Tagen freigelegt. Da der Briefverkehr zwischen Alexandrette und Berlin zwei Wochen dauert, erfährt man dort erst Ende Mai von dem spektakulären Stelenfund und den Löwen. Richard von Kaufmann, Vorsitzender des Orient-Komitees, beglückwünscht Luschan zu dem „herrlichen Fang, der allein genügt, den Finder für alle Zeit berühmter noch zu machen als er schon ist", und er findet sich sogar wenige Wochen später persönlich in Sendschirli ein. Alle Berliner Orientalisten „sind ganz aus dem Häuschen", schreibt Eduard Sachau, Spezialist des Assyrischen, „und staunen über das besondere Glück, dass gleich der erste Versuch so reiche und kostbare Früchte getragen hat". Die Stele ist deshalb so spektakulär, weil sie eine datierbare Inschrift trägt, die berichtet, dass Asarhaddon Ägypten und Syrien besiegt und „hier" sein Siegesmal errichtet habe. Der Fund belegt also, dass es sich bei Sendschirli um eine vor-assyrische Anlage handelt. „Wer konnte so etwas vor der Ausgrabung ahnen", begeistert sich Puchstein. „Denken Sie nur, was Sendschirli ohne ein solches eher historisches Document ersten Ranges sein würde! Eine Ruine mit häßlichen Reliefs, unvollständig bekannt, undatierbar etc. – jetzt ruht auf ihr eine Glorie, die von Jahr zu Jahr leuchtender sein wird." Im übrigen liegt, wie öfters, der Berliner Archäologe falsch mit seiner

Vermutung, dass die Anlage keinen Palast, sondern ein Heiligtum darstellt.[45]

Bald schon taucht der nächste großartige Fund auf: eine große männliche Statue, die eine Gazelle auf den Schultern trägt. Aber wie die Königsstele und den „Gazellenmann", die allein schon die Investition des Orient-Komitées lohnen, rasch nach Berlin schaffen? Und vor allem wie verhindern, dass sie bei den Teilungsverhandlungen der osmanischen Seite zufallen? Verschlüsselte Telegramme zwischen Sendschirli und Berlin gehen im Juni 1888 hin und her. „Oskars Obergazelle unbedingt wegwerfen so viel Cigarren brechen wie irgend noethig", was übersetzt heißt: „Luschans ausgezeichnete Statue unbedingt senden, so viel Bakschisch zahlen wie irgend nöthig." Luschan erhält in solchen codierten Botschaften den Namen seines gestorbenen Bruders Oskar, Hamdy wird zu „Olga" und das Orient-Komitee zum „Pantheon". Humann in Smyrna, der Telegramme mit Hamdy in Konstantinopel wechselt, verhandelt erfolgreich um die die Genehmigung für den Export von Stele und Statue. Am 4. August 1888 telegrafiert vom russischen Dampfer Oleg Humann voller Stolz an Kaufmann in Berlin: „Alle Mann eingeschifft, leidlich gesund, 82 Kisten an Bord." Luschan, der gesundheitlich sehr angegriffen ist, erhält einige Wochen Urlaub vom Völkerkundemuseum, nachdem Adolf Bastian durch eine Ordensverleihung günstig gestimmt worden ist.

Da das Orient-Komitee kein Geld mehr hat, ist es unklar, ob die Ausgrabung in Sendschirli fortgesetzt werden kann. Luschan drängt auf eine rasche Fortsetzung der Kampagne, denn es kursiere das Gerücht von angeblichen Goldfunden in Sendschirli, was Plünderer anlocke. Sein Gesundheitszustand solle ja nicht als zu ungünstig hingestellt werden, wie das jüngst Rudolf Virchow getan habe. Er sei nur arbeitsmäßig überlastet gewesen durch das zeitweilige Ausfallen Humanns als Expeditionsleiter.

Während Luschan begierig darauf wartet, erneut nach Sendschirli zu reisen, gestaltet sich auch die Reise der Fundstücke nach Berlin kompliziert. Die Kisten werden von Alexandrette nach Konstantinopel geschickt und dort entscheidet sich, was Sultan Abdülhamid II. behalten will. Die assyrische Königsstele, die heute im Berliner Vorderasiatischen Museum steht, scheint zunächst einbehalten worden zu sein, worüber man in Berlin enorm verärgert ist und dies dem mangelnden Verhandlungsgeschick Humanns anlastet. Aber er habe nichts dagegen machen können, stellt der deutsche Konsul klar, genausowenig wie der ihm wohlgesonnene Hamdy Bey, und er erläutert die osmanischen Interna. Hamdys Feind, der Kulturminister Munif, brachte die Sache vor den Ministerrat, der unter Berufung auf das Antikengesetz festlegte, dass man nur Analoges oder Ähnliches abtreten dürfe und die Stele des assyrischen Königs war ja einmalig. „So kam Hamdy in die schwierige Lage, uns nicht die Hälfte geschweige denn mehr zu geben. Das türkische Antikengesetz kann ich nicht aus der Welt schaffen und noch weniger die Bürgschaft übernehmen, es regelmäßig mit Bakschisch umgehen zu können. Sollte man mich wieder fragen, was wir bei einer neuen Ausgrabung zu erwarten haben, werde ich antworten: Wahrscheinlich keine Funde und wenn doch, wahrscheinlich keinen Antheil. Dann kann mich später kein Vorwurf treffen."[46]

Jedoch gelingt es Humann, die Praxis des zeitraubenden und riskanten Vorzeigens der Funde in Konstantinopel in ein für Berlin günstigeres Procedere umzuwandeln und dafür Hamdys Unterstützung zu gewinnen. „Es soll nun die Theilung nach Photographie und Zeichnung hin geschehen." Trickreiches Fotografieren wird daher zentral bei den nächsten Expeditionen sein. Auch der Schiffsweg beschleunigt sich durch das neue Verfahren: Die Kisten gehen von Alexandrette nach Süden ins ägyptische Alexandria und von dort direkt nach Hamburg.

Die zweite Expedition nach Sendschirli 1890 steht offiziell unter der Leitung Luschans; diese Entmachtung Humanns war seine Bedingung an das Orient-Komitee. Der deutsche Konsul bleibt allerdings die offizielle Kontaktstelle bei „wichtigen Mitteilungen" nach Berlin sowie zu Hamdy Bey, was Luschan sehr verärgert, weil er auf den direkten Kontaktweg zu Hamdy gehofft hat, der ihm seit dem Berlin-Besuch im vergangenen Herbst sehr gewogen ist. Aus der Erfahrung der ersten Grabung in den Sommermonaten klug geworden, als alle Teilnehmer an Malaria erkrankten, startet die zweite Kampagne in den Wintermonaten, am 28. Januar und wird dann doch bis in den Junimonat dauern. Der Malariaprophylaxe dienen große Mengen an Arsen-Pillen und Chinin sowie 50 Flaschen Rum, die vor allem die Einnahme der übel schmeckenden Medikamente erleichtern sollen. Das

Orient-Komitee stellt diesmal insgesamt 75.000 Mark zur Verfügung, also fast ein Drittel mehr als bei der ersten Grabung, ein Indiz dafür, dass „opferwillige Laien" kräftig gespendet haben. Allein 8.000 Mark entfallen auf die Douane (französisch: Zoll), ein Codewort für Bakschisch. Denselben Zweck haben die mitgeführten 400 Zigarren. Zunächst werden nur 56.000 Mark freigegeben, und erst Mitte März angesichts der „wertvollen Funde und Hoffnung auf weitere" die restliche Geldsumme.

Der Tscherkesse Hassan Bey nimmt wieder teil, und zwar mit verdoppeltem Gehalt. Zur Expedition zählen ferner der Orientalist Julius Euting aus Straßburg und der Bauingenieur und Architekt Robert Koldewey sowie der als Zeichner dienende Student Eduard Stucken, der über gewisse Beziehungen verfügt: Er ist ein Neffe des Geheimrats Adolf Bastian, und er hat dem Orient-Komitee eine beachtliche Summe gespendet. Koldewey, ein Jahrzehnt später durch seine spektakulären Ausgrabungen in Babylon (z. B. das Ischtartor) – im Auftrag der 1898 gegründeten Deutschen Orient-Gesellschaft – berühmt und der gleichaltrige Luschan werden enge Freunde, man duzt sich sogar, was damals eine Seltenheit war. Selbstverständlich ist allerdings auch der Rollenwechsel von Intimität zu Distanz – sie siezen sich, wenn die Briefe dem Professor gelten.

Luschan setzt 1890 eine neue Technologie ein, die dann auch von Schliemann und weiteren Archäologen übernommen wird: eine zerlegbare, von französischen Ingenieuren entwickelte Eisenbahn mit ca. 300 Meter

Schienenlänge, die dreifach höhere Erdbewegungen als 1888 ermöglicht und „sich glänzend bewährt“. Statt der erhofften dreihundert Arbeiter kann man allerdings nur zweihundert rekrutieren, großteils bereits in Smyrna und Alexandrette, da in den Kurdendörfern in der Umgebung von Sendschirli selbst bei hohen Löhnen nicht genug Arbeiter zu bekommen sind.

Diesmal begleitet die Grabung der türkische Kommissär Bedry Bey, der das Journal über die Funde führt. Luschan, dem der Wiener Charme in die Wiege gelegt ist, entwickelt eine große Kunstfertigkeit im Umschmeicheln und Täuschen des Osmanen. Als er in Alexandrette bei einer befreundeten Familie auffallende Bronzen sieht, „erklärte ich die in Gegenwart unseres Kommissärs für absolut wertlos, aber kaufte sie am nächsten Morgen“. Diese Bronzen schmuggelt er am offiziellen Weg vorbei, indem er sie direkt an seine Frau nach Berlin schickt. Und da er sich nicht des mitgeführten, offiziellen Verpackungsmaterials bedienen kann, „musste ich diesmal ein Badehandtuch, ein Pantherfell und einige gebrauchte Taschentücher als solches verwenden“. Allerdings macht er die Beute zugunsten seines Auftraggebers, des Orient-Komitees, denn er berichtet davon Kaufmann, den Vorsitzenden, an den er die „gewöhnliche Korrespondenz“ zu richten hat. Er bittet um Schweigen über diese Sendung. „Es würde mein Verhältnis zu Hamdy und hiermit auch unser ganzes Unternehmen schwer schädigen, wenn er erführe, dass ich schon so früh angefangen habe, ihn zu täuschen“, und er wünscht alles, „was er in Zukunft ohne

Hamdys Wissen herausschmuggelt auch vor Humann geheim zu halten."[47]

Luschan stellt gegenüber Bedry Bey die interessanten Funde systematisch als minderwertig dar, und im übrigen tut er alles, um ihn günstig zu stimmen. „Ich mache ihm täglich kleine Geschenke wie englische Stühle, Rhum etc.", beschreibt er Humann seine Taktik, „ich würde ihm auch mit Wonne einen Beutel mit 50 oder 100 Lt (livre turque) verehren, wenn ich nicht fürchten würde ihn zu verletzen. Dass er uns fortwährend am Hals hockt, ist ja nicht immer angenehm, aber ich gewöhne mich allmählich daran und zwar um so lieber, als er in den letzten Tagen gerade die wichtigsten Kleinfunde nicht in sein Journal aufgenommen hat." Das Umschmeicheln des türkischen Kommissärs erreicht seinen Höhepunkt, als nach drei Wochen Grabung der wichtigste Fund auftaucht, der allein „schon die Kosten des Unternehmens wert ist": die Statue des (aramäischen) Königs Panamuwa II. (Regierungszeit 739-733 v.u.Z.), versehen mit einer langen Inschrift, die der Orientalist Euting sogleich in groben Zügen entziffert. Jetzt stellt sich wieder das Teilungsproblem: welchen anderen Fund sozusagen in die Waagschale werfen, damit die Berliner Museen sich mit solch einer „glänzenden Erwerbung" schmücken können? Luschan hofft, dass Bedry Bey durch die vielen Belohnungen so günstig gestimmt ist, „dass er Hamdy Bey die Statue als unbedeutend schildert" und stattdessen „drei Thorsi als wichtig" herausstellt und uns so „zu der Statue verhilft". Der türkische Kommissär „versteht und wir sind nun völlig ein Herz und eine Seele". Luschan will außerdem dafür sorgen, „dass er meinen Berichten möglichst unmögliche Photographien beilegen kann und werde eigens hierfür Aufnahmen bei falscher Beleuchtung machen". Bedry wird tatsächlich Hamdy mitteilen, dass die Statue wegen der zerstörten Inschrift wertlos sei, was durch die schlechten Fotografien beglaubigt wird.[48]

Im übrigen hat Luschan sehr rasch die größte Schwachstelle Bedry Beys aufgespürt. Schon am dritten Tag in Sendschirli bittet er Kaufmann dringend um „etliche französische Romane minderer Güte". Zweieinhalb Monate später treffen die gewünschten Bücher endlich ein, und Bedry Bey, „schnappt nach denselben wie der Fisch nach der Angel und bringt jetzt einen erheblichen Teil des Tages in seiner Bude mit den französischen Schundromanen zu", so dass er in „seinem Eifer für die Ausgrabungen schon in höchst erfreulicher Weise nachgelassen hat". Dass Bedry mit ihm zufrieden sei, „wundert mich nicht, ich habe mich nie in meinem Leben so sehr bemüht, zuvorkommend und höflich zu sein als hier mit ihm". Tatsächlich aber hat der Grabungsleiter Mühe, seine wirklichen, aggressiven, aus der Abhängigkeit entstandenen Gefühle in Zaum zu halten. Es koste ihn „unendliche Überwindung, fortgesetzt freundlich zu Bedry zu sein, er ist im Grunde ein fürchterlicher Kerl". Jedoch am Ende der Grabung schlägt Luschan wieder versöhnliche Töne an, „muss zugeben, dass er mir wiederholt durch Schweigen genützt und vielfach im richtigen Augenblick die Augen zugedrückt hat".[49]

Je erfolgreicher die Grabung an spektakulären Funden ist, desto größer die Furcht vor dem allmächtigen Hamdy Bey und seinen Entscheidungen. Damit nach Konstantinopel nichts über die wahre Bedeutung eines Fundstückes – wie gerade die Stele des Panumawa II. – durchsickert, hat das Orient-Komitee die Expeditionsteilnehmer auf völliges Stillschweigen verpflichtet, gerade gegenüber den Zeitungen. Trotzdem bekommen einige Journalisten Wind von dem sensationellen Fund. Daraufhin erreicht Anfang März Luschan eine Depesche aus Berlin: „Ersuchen Mitglieder energisch, auch wegen Privatmittheilungen Instruktionen zu befolgen." Da insbesondere die „Straßburger Post wiederholt ausführliche und für die Expedition gefährliche Mittheilungen gebracht" hat, vermutet Luschan gegenüber seiner Frau als undichte Stelle den Straßburger Euting, dessen unerhört fleißiges Briefeschreiben ihm verdächtig ist.

Der besorgte Grabungsleiter verfällt auf die Idee, von Hamdy eine bindende Zusage zu erreichen, etwa „durch ein Handschreiben von S.M dem Kaiser oder von Bismarck. Panamuwa und das zweite Löwenpaar darf unter keinen Umständen nach Konstantinopel." Diese vier monumentalen Steinlöwen –, zwei wurden bereits bei der ersten Grabung entdeckt und provisorisch wieder vergraben– , bereiten allein wegen ihrer enormen Ausmaße Probleme. Aus Berlin kommt der Befehl, die Löwen, „mit Rücksicht auf Verbilligung des Transportes sorgfältig zu zersägen", so dass sie „später wieder leicht zusammengesetzt werden können". Hier also kommt der in Smyrna angeheuerte griechische Steinmetz zum Einsatz. Von der Zerstückelung soll auch Hamdy unterrichtet werden, damit er später keine Reklamationen äußert. Um Hamdy für das Überlassen des besseren Löwenpaares günstig zu stimmen, bietet man an, auch für das andere, für die osmanische Seite bestimmte Löwenpaar, ausnahmsweise die Transportkosten nach Alexandrette zu übernehmen.[50]

Die aus Geldgründen befohlene Zerkleinerung der Löwen findet Luschan höchst unprofessionell und als eine Beleidigung der nationalen Ehre. Es sei doch „fast schimpflich", schreibt er an Kaufmann, „Kunstwerke zertrümmert nach Berlin zu bringen wie sie Sir Layard ganz und unzerstört nach London gebracht hat", jener Austen Henry Layard, der in den vierziger Jahren die assyrische Stadt Ninive ausgegraben hat. Am Ende werden die Löwen für den Transport jeweils in sieben Stücke zerlegt, wobei die Köpfe intakt bleiben. Auch die Berliner Zukunft der beiden assyrischen Löwen sieht Luschan unter dem wissenschaftlichen Aspekt im Gegensatz zu Humann, dem es um Showbusiness geht. Der einflussreiche deutsche Konsul in Smyrna, dessen Gemälde die Eingangshalle des 1901 in Berlin eröffneten Pergamonmuseums schmücken wird, findet es „nicht übel, wenn man beide Löwen in den Lustgarten versetzen könnte". Luschan äußert sich vehement gegen eine Aufstellung im Freien und „kann sich bestens vorstellen, dass die assyrischen Thorlöwen von Sendschirli die neue Abtheilung der vorderasiatischen Alterthümer schmücken werden".[51] Tatsächlich finden sich heute die beiden Löwen am Eingang der „Prozessionsstraße" des Pergamonmuseums.

Ende März drängt das Orient-Komitee darauf, die Grabung zu Mitte April einzustellen. Man fürchtet um die Gesundheit der Wissenschaftler infolge der bald einsetzenden „Fieberperiode". Nichts würde den Erfolg einer Kampagne mehr schädigen als der Tod eines Expeditionsteilnehmers. Luschan wehrt sich gegen den vorzeitigen Abbruch, denn ohne Hamdys „täglich erwartete" telegrafische Zustimmung war ja nichts abgeschlossen, vor allem nicht der Beginn des Transportes. Seine Hartnäckigkeit wird schließlich belohnt. Eine Verlängerung bis zum 14. Juni wird zugestanden, weil der preußische Kultusminister beim Kaiser direkt intervenierte, der angesichts beeindruckender Fotos von den Fundstücken jegliche Unterstützung zusagte. Humann verhandelt inzwischen weiter mit Hamdy über die Aufteilung und die Preise; er telegraphiert Ende April nach Berlin, dieser habe „zwei beste Löwen und alte Inschrift zugestanden. Neue Inschrift unter der Hand versprochen ... Kosten 10 000 Francs inclusive Concession". Offenbar ist mit „alter Inschrift" die Stele des Königs Asarhaddon gemeint und mit „neuer Inschrift" die Stele des Panamuwa. Als Mitte Mai immer noch kein erlösendes Telegramm von Hamdy eingetroffen ist, das den Transportbeginn autorisiert hätte, rät man aus Berlin, „lieber alles in Stich zu lassen, als die Gesundheit der Teilnehmer zu gefährden". Es wird erwogen, die wichtigsten Funde wieder zu vergraben, was zum Teil auch geschehen wird.[52]

Statt Hamdys ersehntem Telegramm kommt eines vom deutschen Konsul, der übrigens bald zusammen mit dem osmanischen Museumsdirektor zu einer von Schliemann in Troja einberufenen Konferenz aufbrechen wird. Humann interpretiert Hamdys Zustimmung zur deutschen Übernahme sämtlicher Transportkosten als grünes Licht für den Transportbeginn, so dass Luschan nun sofort das Verpacken organisieren solle. Dessen schon lange schwelende Aversion gegen den einflussreichen deutschen Mittelsmann in Smyrna erreicht nun seinen Höhepunkt. Erbittert schreibt er an Kaufmann, die Depesche sei „unglaublich naiv; Humann hätte ebenso gut telegraphieren können: Holen Sie den Mond herunter und töten Sie ein Dutzend Paschas, ich verantworte es, ich, der große Humann." Denn Luschan weiß, eine Erlaubnis des türkischen Museumsdirektors hat nur dann offiziellen, bindenden Charakter, wenn sie direkt an den Kommissär Bedri Bey gerichtet ist, also den inner-osmanischen Befehlsweg berücksichtigt.

Der Vorsitzende des Orient-Komitees, mit dem Luschan auch privat korrespondiert, bittet ihn dringend, „seinen Unmuth gegen Humann zu beseitigen". Denn Kaufmann wiederum freut sich, dass dank Humanns Geschick diesmal die Teilungsverhandlungen „allem Anschein glatt verlaufen werden, wenn sich nicht hinter der augenblicklichen Nachgiebigkeit irgendeine Hinterlist verbirgt. Mir geht die Sache fast zu gut." Es wäre doch jammerschade, versucht er Luschans Aversion gegen den unverzichtbaren, einflussreichen Konsul zu dämpfen, wenn dieser Zwist seine „schönen und theuer erkauften Erfolge in Frage“ stellen würde. „Humann kann seinem Ruhm kaum mehr neuen Glanz aufsetzen“, hat Kaufmann den sich zurück gesetzt fühlenden Luschan bereits bei der ersten Grabung beschwichtigt, „dass für Sie unsere Expedition einen bedeutenden Wendepunkt in Ihrem Leben sein soll, lassen Sie mich nur dafür sorgen.“[53]

Es lässt sich erkennen, wie unzufrieden der nun schon 36-jährige Gelehrte mit seiner untergeordneten Position am Berliner Völkerkundemuseum ist und wie sehr er hofft, durch eine ruhmreiche Grabung auf der stagnierenden wissenschaftlichen Karriereleiter vorwärts zu kommen. Diese Hoffnung auf einen Karrieresprung dank einer Expedition teilte Luschan mit den meisten deutschen, akademischen Forschungsreisenden des 19. Jahrhunderts, insbesondere wenn sie zur Erforschung Afrikas ausschwärmten.[54] Vermutlich hatte Luschan gehofft, mit einer neu eingerichteten Professur für vorderasiatische Archäologie belohnt zu werden.

Hamdy Beys erlösendes Telegramm mit der offiziellen Transporterlaubnis trifft endlich am 28. Mai ein. Dass der Museumsdirektor so viel Zeit braucht, erklärt sich aus dem langen Weg der osmanischen Bürokratie. Seinen Teilungsvorschlag muss er zunächst dem Unterrichtsminister vorlegen, der es zur Genehmigung an den Vorsitzenden des Ministerrats schickt, der es wiederum an den Großwesir weiterleitet. Als letzte Instanz entscheidet Sultan Abdülhamid II. „Die Transportfrage hat eine gute Wendung genommen“, notiert Luschan erleichtert, „freilich wie es mit der Theilung insgesamt steht, das wissen die Götter und Herr Humann." Er ist glücklich, dass er für den Transport sechs Paar Büffel hat auftreiben können und zweiundvierzig Paar guter Zugochsen. Auf ca. zwanzig Kisten schätzt er den deutschen Anteil. Über die Transportkosten muss noch genauer verhandelt werden. Denn die Forderung der Tscherkessen, die den komplizierten Transport durchführen werden, nach 3.600 Mark für beide Löwen hält Luschan für exorbitant, entspricht das doch seinem Gehalt für die gesamte Grabung. Er hofft für diesen hohen Preis schließlich durch Hassan Beys Vermittlung alle vier Löwen transportieren lassen zu können.[55]

Spätestens beim Beladen der Kisten, deren Inhalt Bedry Bey in Listen einträgt und für den Transport verplomben lässt, muss die Trennung der Fundstücke nach osmanischen und deutschem Anteil erfolgt sein. Nur wenige Tage stehen noch zur Verfügung, denn der Ferman des Sultans, der die Grabungserlaubnis verlängerte, läuft am 15. Juni ab. Da der Transport durch das schwieriges Gelände nach Alexandrette mehrere Wochen dauert, zeichnet sich ab, dass die Kisten in der Hafenstadt erst ankommen werden, wenn Luschan schon längst in Berlin ist, sozusagen mit leeren Händen. Das Umladen der Kisten aus Alexandrette im ägyptischen Alexandria auf ein Schiff nach Hamburg stellt auch noch einmal ein Risiko dar, da es nicht automatisch erfolgt, sondern einer aufwendigen Zollkontrolle unterworfen ist.

Am 21. Juni 1890 schifft man sich in Alexandrette zur Heimreise ein, und Luschan schreibt verbittert an

Kaufmann: „So hat eine mehr als fünfmonatige Campagne trotz der größten Mühen, Anstrengungen und Aufopferungen aller Mitarbeiter ein trauriges und ruhmloses Ende gefunden." Allein das Vorführen der Fundtrophäen in der Heimat beglaubigte den Erfolg einer Ausgrabung und nicht die Tatsache, dass eine vollständige Stadtanlage freigelegt wurde mit Überresten aus vier Stilperioden. Der Expeditionsleiter, für mehrere Wochen arbeitsunfähig geschrieben wegen chronischer Bindehautentzündung und allgemeiner Schwäche, muss nicht an sein ungeliebtes Völkerkundemuseum zurückkehren, sondern bleibt bis zum Beginn der dritten Expedition im Oktober in der Villa Swastika in Millstadt.[56]

Luschan tut alles, um so bald wie möglich wieder nach Sendschirli zu kommen. Knapp zwei Wochen nach seiner Abreise aus Alexandrette sind dort die Kisten angekommen. Aber nun scheint Hamdy alle weiteren Schritte zu blockieren, „dem es nur darauf ankommt, die gleiche Anzahl von Kisten nach Constantinopel zu bekommen", d.h. der türkische Museumsdirektor steht unter Druck, allein äußerlich eine gerechte Teilung zu demonstrieren. Und immer noch nicht ist klar, ob die deutsche Seite „die guten Löwen und die Statue bekommt". Luschan bittet Rudolf Virchow weiter seine schützende Hand über dem Ausgrabungsprojekt zu halten. Denn auch ohne Vorzeigen der spektakulären Funde in Berlin müsse man ihm doch glauben, dass die Expedition ein großer wissenschaftlicher Erfolg sei. Es sei ihm immerhin gelungen, vier vermutlich hethitische Baustile nachzuweisen, die sich zwischen dem zehnten und achten vorchristlichen Jahrhundert entwickelten. Außerdem hätten doch die Museen bereits zahlreiche zahlreiche Kleinfunde erhalten, von denen er vier Kisten rausschmuggeln konnte.

Die Hethiter begeistern Luschan derart, dass er zum Vergleich mit Sendschirli eine zweite Ausgrabung starten will am oberen Orontestal, dem historisch beglaubigten Zentrum der Hethiter. Aber er merkt schon, „dass man in Berlin die Hethiter satt habe". Gerade im Wilhelminischen Kaiserreich, wo eine Entdeckung und Erfindung die andere jagte, stand auch die Archäologie unter dem Druck, einem ungeduldigen, verwöhnten Publikum immer etwas Neues zu bieten. Ende Juli genehmigt das Orient-Komitee die Fortsetzung der Grabung, aber verbietet das Vorhaben, zuerst zwei Monate an den Orontes und erst danach nach Sendschirli zu reisen. Aber da Luschan sich bereits öfter eigenmächtig verhalten hat, muss Kaufmann „die Gewähr dafür übernehmen, dass er Ende des Jahres in Berlin zurück sein werde". Luschan fügt sich notgedrungen, obwohl er bereit ist, für die Dauer der ersehnten Orontesreise auf sein Museumsgehalt zu verzichten. Und wie so oft erwägt er die Kündigung seiner Berliner Beamtenstelle.[57]

Anfang Oktober 1890 beginnt die auf drei Monate angelegte dritte Kampagne in Sendschirli. Mit von der Partie ist wieder der Tscherkesse Hassan Bey sowie vier weitere griechische, bereits bei der letzten Ausgrabung bewährte Fachkräfte: der Zimmermann Master Jani Samothrakis, zuvor langjähriger Arbeitsaufseher bei den

Ausgrabungen in Pergamon, der Steinmetz Athanas, der Schmied Aleko, der Koch Dimitri, der zuvor bei Schliemann in Troja gearbeitet hat. Bedry Bey, an den Luschan einen sehr höflichen Brief auf Französisch schickt, überwacht auch diesmal die Ausgrabung. Als Wissenschaftler sind wieder dabei der Straßburger Orientalist Euting und Freund Koldewey. Kontinuität im Personal war eine wichtige Voraussetzung für das Gelingen der „unberechenbaren" Ausgrabungen. Dem Orientalisten Euting fällt die wichtige Aufgabe zu, die entdeckten Inschriften sofort in eine Sprache einzuordnen und sie zumindest in groben Zügen zu übersetzen.

Einen äußerst ungewöhnlichen Zuwachs erfährt diesmal die Expedition: die 26jährige Emma Luschan reist mit. Natürlich litt das Ehepaar unter den monatelangen Trennungen, aber – wie es sich für das „schwache Geschlecht" gehört – die Frau stärker als der Mann. „In der letzten Zeit ist sie etwas kleinlaut geworden", schreibt Luschan am Ende der zweiten Kampagne an seinen Onkel, „da meine Abwesenheit sich immer länger hinauszog". Nur wenige Briefe an seine junge Frau sind überliefert. „Ich sehe mit Entsetzen", kritzelt er auf den Rand eines Briefes, „dass wieder grässliche Puffärmel in Mode sind und bin neugierig, ob Du auch ganz modern sein wirst." „Meine liebe gute Alte", lautet die Anrede, die eine kumpelhafte Freundschaft als erprobtes Ehemodell verrät.

Die Teilnahme einer Frau an einer Grabung stellte ein absolutes Novum dar. Emmas Entscheidung ist so ungewöhnlich, dass sie in den Sommermonaten vor der

Abreise „vorläufig streng vertraulich“ behandelt werden soll, um sich gegen einen etwaigen Sturm der Entrüstung zu wappnen. „Sie könnte mir in Sendschirli gewiss mehr helfen“, argumentiert Luschan gegenüber dem Vorsitzenden des Orient-Komitees „als Herr Euting und Stucken thun konnten.“ Geheim halten lässt sich allerdings die bevorstehende, außerordentliche Reise einer Frau nicht, und Luschan ist „sehr erstaunt“, dass der befreundete Rudolf Virchow schon von dem ‚geheimen‘ Plan weiß. „Die Sache liegt nun so, dass Emma sehr gern gehen würde und dass ich Bedenken habe, ihr nach so kurzer Zeit wieder ein so langes Alleinbleiben zuzumuten.“ Emmas ungewöhnlicher Mut wird als weibliche Schwäche dargeboten. Gleichzeitig ist dem Ehemann das Risiko, das seine Frau eingehen will, nicht ganz geheuer. Zwar käme sie jetzt in „ein völlig wohnlich eingerichtetes Barackenlager“, aber es gelte „eine für eine Frau schwierige Landreise zu überwinden und der winterliche Schnee wird die Annehmlichkeit eines längeren Aufenthaltes auch nicht erhöhen“. Doch er resümiert gegenüber Virchow: „Im Ganzen glaube ich, dass die Sache ohne wirkliche Gefahr für Emma gemacht werden könnte und deshalb habe ich nachgegeben.“[58]

Während Felix Anfang Oktober 1890 von Wien nach Triest aufbricht, um dort das Schiff nach Smyrna zu nehmen, soll Emma einen Monat später nachkommen, damit sie auf bereits geordnete Verhältnisse trifft. In diesem einen Monat verbreitet sich in Wien und Berlin die Nachricht von Emmas ungewöhnlicher Entscheidung. „Eine große Überraschung ist für alle Ihre hiesigen Freunde die

Nachricht gewesen", schreibt der Familienfreund Puchstein an Emma, „dass Sie sich nicht davon haben abschrecken lassen, die Reise nach Sendschirli zu beschließen." Und er äußert seine „Sorge, ob Ihnen der beschwerliche Weg, die incomfortable Wohnung, die trotz der gegenteiligen Versicherungen gewiss nicht völlig ausreichende Verpflegung, das nasse kalte Wetter, die unvermeidliche Arbeitsaufregung, die kurdische Gesellschaft – ob Ihnen dies und vieles andere wirklich gut bekommen wird"[59]. Interessant ist, dass nicht nur die fremde, unwirtliche Umgebung als einer Frau abträglich erachtet wird, sondern auch die Teilhabe an der männlichen „Arbeitsaufregung".

Nur 25.000 Mark kann diesmal das Orient-Komitee zur Verfügung stellen. Denn seine Mittel sind erschöpft. So muss man ein Darlehen aufnehmen; der Vorsitzende Richard von Kaufmann streckt einen Großteil der erforderlichen Summe privat vor. Der Geldmangel hat seine Ursache darin, dass die Kisten mit dem Ertrag der zweiten Expedition noch beim Zoll in Alexandrette lagern. Der Verkauf an die Museen verzögert sich infolgedessen genauso wie das Einwerben von Spenden, das erst nach triumphalen Vorzeigen von Funden in Berlin zu gelingen pflegt. Das Hauptziel dieser dritten Expedition ist es daher, die Ausschiffung der Kisten nach Deutschland zu erreichen und die Grabungen in Sendschirli abzuschließen. Aber Luschan würde gern in großem Stil weitergraben, er will eine große Tiefschnittuntersuchung vornehmen. Denn wie in Troja beträgt die Gesamthöhe des Hügels achtzehn Meter, aber bisher hat man nur bis zwei Meter Tiefe gegraben. Puchstein jedoch rät ab. „Zu einer großen Tiefgrabung in Sendschirli habe ich ohne dass ich recht wüsste warum sehr wenig Vertrauen. Ich denke immer, die Dinge die da zu Tage kommen könnten, werden nicht anders sein als die bisher gefundenen, und an den Anfang kann man so wenig gelangen wie an die Erschaffung der Welt. Was noch in der Tiefe stecken kann, wird kaum das Verständnis des schon Ausgegrabenen erweitern; es wird schlecht erhalten, roh und primitiv, daher rätselhaft und unbefriedigend sein und die Aufmerksamkeit von den klaren, verständlichen Dingen ablenken."[60] Wieder ist deutlich, dass Luschan professioneller denkt und plant als Puchstein, der berufliche Archäologe, sofern man überhaupt von Professionalität sprechen kann in dieser Zeit, wo das konkrete Berufsbild des Archäologen noch nicht existierte, sondern Männer aus den verschiedensten Berufen sich als Archäologen profilierten.

Die dritte Expedition, die vom 9. Oktober 1890 bis zum 14. März 1891 dauern wird, steht zunächst unter einem schlechten Stern. Denn in der Provinz Adana, in der Sendschirli liegt, ist die Cholera ausgebrochen, was das Team erst bei seiner Ankunft in Smyrna erfährt. Als Folge der in vielen Regionen verhängten Quarantäne ist man gezwungen, Sendschirli auf abenteuerlichen Umwegen zu erreichen. Nach dem anstrengenden Ritt von mehreren Tagen erscheint Luschan das „Barackenlager herrlicher als irgendein Palais im Thiergarten". Was bedeutet die Cholera für Emmas Entscheidung? „Ich darf wohl annehmen, dass Sie noch in Wien sind", sorgt sich Puchstein in Berlin. „Sie werden über die Cholerafurcht wohl böse sein, aber ich persönlich bin über die Gewissheit froh, dass Sie sich in Wien außer aller Gefahr befinden.“[61]

Aber der Familienfreund irrt, denn Emma ist Ende Oktober aus Wien in den Orient aufgebrochen. Die Kommunikation mit ihrem Mann ist äußerst schwierig, da Telegramme zwischen Wien und Sendschirli via Smyrna, wo Konsul Humann sie weiterleitet, zur Zeit nur verstümmelt durchkommen. So weiß Luschan Ende Oktober „absolut nicht, wann eigentlich meine Frau ihren Vorsatz, mich hier zu besuchen, ausführen wird“. Er habe ihr telegrafiert, dass sie am 1. November von Triest nach Smyrna abreisen soll. „Sie werden das wahrscheinlich leichtsinnig finden“, rechtfertigt er sich gegenüber Humann, der meint, in Sendschirli könne gerade jetzt keine Dame leben, „ich thue das auch, aber ich hoffe doch, dass es gut ausgeht und dass wir die Cholera nicht nach Sendschirli bekommen werden. Sollte freilich inzwischen auch Mersina in Quarantäne kommen, so möchte meine Frau in Smyrna bleiben, bis die Luft wieder rein sein wird. Denn auf eine noch größere Landreise als die von Mersina hierher darf sich meine Frau nicht einlassen.“ Die Strecke zwischen Mersina und Sendschirli dauerte zu Pferd drei Tage. Er wisse nicht, ob seine Frau überhaupt unterwegs sei, schreibt er ein paar Tage später wieder an Humann, er könne ihr doch nicht auf gut Glück entgegen reiten. „Wie die Dinge jetzt liegen, würde ich allerdings meiner Frau rathen müssen, auf demselben Dampfer wieder zurückzukehren.“[62]

Emma jedoch hat das verstümmelte Telegramm richtig entziffert und reist am 1. November von Triest nach Smyrna ab. Zehn Tage später langt sie in Sendschirli an, und das Ehepaar sendet nun fröhliche Briefe an die Freunde, die sie mit „Emmaflix" unterzeichnen. Dem Vorsitzenden des Orient-Komitees teilt Luschan in gesetzteren Worten mit, „dass meine Frau die Reise von Mersina nach Sendschirli gut überstanden und in bestem Wohlsein hier angelangt ist, dass sie sich hier wohl fühlt und sich sehr gut in die primitiven Verhältnisse schickt, dass sie mir bei den vielfachen Arbeiten eine große Stütze ist". Er nutzt seine Frau vor allem als unermüdliche Schreibkraft, wie eine Nachricht an die Schwägerin zeigt: „Emma geht es sehr gut, sie wird wohl nächstens schreiben, augenblicklich hat sie sich mit meinen Berichten etc., die sie alle copiert hat, ein richtiges Hühnerauge angeschrieben und ist etwas müde." Gegenüber Rudolf Virchow, bekannt für ein sehr konservatives Frauenbild, betont Luschan entsprechend: „Emma ist immer fleißig und ein wahrer Segen für mich." Es ist wieder Puchstein, der sich um Emma sorgt. „Ich hoffe, dass Ihre Frau Gemahlin in diesen wüsten Verhältnissen ohne Reue aushält. Sie wird viel entbehren." Am Ende der Expedition spricht er mit deutlichen Worten Emma seine Anerkennung aus „für ihre Ausdauer und Standhaftigkeit". Weibliche Verhaltensweisen werden gelobt, aber nicht Emmas Leistungen wie gerade ihre zahlreichen, vorzüglichen Fotografien.[63]

Während Emmas Abenteuerlust Gesprächsthema in Wien und in Berlin war, wissen wir kaum, wie man im Orient die Präsenz einer europäischen Lady in der Männer-Domäne einer Ausgrabung sah. Ein griechischer Mitarbeiter an Hamdys Museum in Konstantinopel ist voller Bewunderung, wagt es aber nur nach Rückversicherung beim Ehemann, diese öffentlich auszusprechen. Als er einen Vortrag zu „Leben und Plagen" in Sendschirli vorbereitet, bittet er Luschan um sein „Einverständnis, dass von der in jeder Hinsicht Tüchtigkeit und Hilfe Ihrer hochgebildeten Gattin die nöthige Rede sein wird". Bei der breiten Bevölkerung muss Emma großes Staunen erregt haben. Luschan notiert: „Emma's Einzug in Alexandrette – eine schwarze Frau kommt angeritten, weiß angezogen und auf einer weißen Stute." Offenbar wird Emma sehr schnell tiefbraun, und ihr Mann, der eine anthropologische Tafel zur Hautfarbenbestimmung entwickelt hat, amüsiert sich hier über den Farbeffekt, hervorgerufen vom Gegensatz zwischen Gesichtsbräune und weißer Kleidung und weißem Pferd. Emmas Reitpferd wählt man mit allergrößter Sorgfalt aus. Der bewährte Schimmel, den man ihr dann für die nächsten Reisen in Alexandrette bereit hält, wird genau beobachtet und ist schließlich „als Reitpferd für die gnädige Frau nicht mehr zu empfehlen, er hat fortwährend gestrauchelt und wäre um ein Haar gestürzt."[64]

Emma hat Sendschirli gerade noch rechtzeitig erreicht, denn kurz nach ihrer Ankunft wird die ganze Provinz um Mersina unter Quarantäne gestellt. Luschan hält die osmanischen Quarantänemaßnahmen, ausgegeben vom Internationalen Sanitätsrat in Konstantinopel, für

„unglaublich blödsinnig", denn es reiche doch, „einzelne Herde zu isolieren statt eine ganze Provinz zu sperren, insbesondere Aleppo zu isolieren" – wo bald die Mortalität bei 75 Prozent liegen wird. Als Wissenschaftler weiß Luschan, dass die Cholera bakteriell verursacht ist und durch verseuchtes Trinkwasser übertragen wird, was Robert Koch und Louis Pasteur erst wenige Jahre zuvor entdeckt haben. Aber der osmanische Internationale Sanitätsrat ignorierte noch den neuesten Stand der Wissenschaft und erklärte sich Choleraepidemien weiterhin aus Miasmen (Dämpfen) des Bodens und aus direkter Übertragung, d. h. stellte sich jeden Gegenstand aus einer Choleraregion als mit den gefährlichen Miasmen bzw. Keimen verseucht vor. Deshalb wurde der Briefverkehr mit den gesperrten Regionen generell unterbunden; unabdingbare Post öffnete man mit einer Zange, um Ansteckung zu vermeiden. Die Schiffe, die den Suezkanal nach Europa passierten und zuvor von Mekka heimkehrende, cholerakranke Pilger an Bord hatten, wurden mit Desinfektionsmittel abgewaschen.[65]

Luschan nimmt telegrafisch Kontakt zum Provinzgouverneur von Adana auf, „um mit ihm über die Möglichkeiten prophylaktischer Maßnahmen gegen das Weitergreifen der Cholera in unserer Provinz zu beraten". Daraufhin wird er offiziell zum Quarantäne-Arzt des nächst gelegenen Dorfes Hassan Beyli ernannt, lehnt die „reichliche Bezahlung selbstverständlich ab" und kann nun Einfluss auf die „absolut blödsinnigen" Quarantänemaßnahmen nehmen. „Die Cholera rückt immer näher, die Maßnahmen der türkischen Regierung werden immer verkehrter." Bald sind Sendschirli und die umliegenden Nachbardörfer von der Cholera umgürtet. Auch der Ort, wo sie Brot zu kaufen pflegen, liegt in Quarantäne, man backt nun selber; „glücklicherweise können wir eine längere Absperrung aushalten, da wir ausreichend mit Lebensmitteln versehen sind". Das Dorf Hassan Beyli wird von der Cholera verschont, offenbar aufgrund der sanitären Maßnahmen und Aufklärung durch Luschan. Unermüdlich ist der Expeditionsleiter als Arzt tätig, empfängt die Kranken und erklärt die Notwendigkeit, das Trinkwasser abzukochen. Als Quarantäne-Arzt reitet Luschan nun zweimal die Woche nach Hassan Beyli, so dass er heimlich Post auf den Weg bringen kann. Denn der Postverkehr ist ja wegen der Quarantäne weitgehend eingestellt.[66]

Das Orient-Komitee in Berlin macht sich große Sorgen um die Gesundheit der Expeditionsteilnehmer, lehnt jede Verantwortung ab und überlegt bereits im Oktober, die gerade begonnene Grabung abzubrechen. Schließlich erreicht Luschan der Befehl, die Grabung zum 15. Dezember einzustellen, zumal die Mittel erschöpft seien. Bis dahin soll unter allen Umständen die Ausschiffung der Kisten von Alexandrette erreicht werden. Aber es ist doch alles „in schönster Ordnung", schreibt Luschan wütend an Puchstein, „und es ist einfach absurd, dass man Sendschirli nicht zu Ende untersuchen will". „Bedenken Sie doch, was Sie nicht schon alles von Sendschirli kennen", versucht der Freund ihn zu beruhigen,

„äußere Mauer, innere Mauer, alte und neue Thore, einen hethitischen Palast und spätassyrische Anlagen – wer soll denn das schon ordentlich verdauen – und wieviele Jahre werden noch ins Land gehen, ehe man alle diese schönen und lehrreichen Sachen zu genießen kriegt! Und können Sie uns sichere Hoffnung machen, dass wirklich das bisher Gefundene durch zukünftige Funde übertroffen werden kann?" Wieder ist deutlich, dass Luschan als professioneller Archäologe denkt im Gegensatz zu Puchstein, der überdies zu bedenken gibt: „Eine Lebensgefahr sind doch wirklich weder die Hethither noch die Pseudohethither wert."[67]

Luschan lässt die Deadline des 15. Dezembers verstreichen. Denn „glücklicherweise macht uns die Cholera die Rückreise absolut unmöglich", verrät er Puchstein, „und da ich noch Geld für einige Monate hier liegen habe, arbeiten wir frisch und fröhlich weiter und Gott sei Dank auch mit recht gutem Erfolg". Gleichzeitig spielt er gegenüber dem Orient-Komitee die Choleragefahr herunter und betont, dass es sich wohl nur um Dysenterie handele. Schöne, den Generalverwalter der Königlichen Museen, bittet er um Intervention beim preußischen Kultusminister und lockt ihn – offenbar ein bekannter Gourmet – zu einem Besuch: „Wir schlachten jetzt jeden neunten Tag ein junges Rind." In seinem verzweifelten archäologischen Eifer verfällt er auf die Idee, den derzeit berühmtesten Archäologen auf seine Seite zu ziehen. „Vielleicht könnte auch Schliemann kommen. Ich denke, er würde sich für die fast einzige Ausgrabung interessieren, die bisher Dinge zutage gefördert hat, die seinen eigenen Funden vielfach nahekommen.“[68]

Anfang des neuen Jahres erhöht Luschan das Tempo der Grabung, da er endlich über zweihundertvierzig Arbeiter verfügt, nachdem in den ersten Wochen nur vierzig Arbeiter zu bekommen waren. Im Dezember hatte man sich bereits auf hundert Arbeiter gesteigert, „aber wegen Cholera und eines großen Aufstandes in der Nähe bleiben die besten Arbeiter aus, so dass wir ganz schwächliche Leute, Greise und Kinder annehmen müssen, um überhaupt vom Fleck zu kommen“. Außerdem waren die Männer der umliegenden Dörfer vom Oktober und Ende November mit den Feldarbeiten für die Wintersaat beschäftigt. Luschans Urlaubsverlängerung jedoch lehnt man in Berlin ab, Ende Januar müsse er zurück sein. Dieses neue Zeitlimit erscheint ihm als eine „absolute Gleichgültigkeit, ja Feindseligkeit gegen unser Unternehmen“. Puchstein warnt ihn vor allzu offensichtlicher Eigenmächtigkeit. „Lassen Sie in Ihren Briefen an Kaufmann ja nicht durchblicken, dass es Ihnen eigentlich Freude macht, dass Sie durch die Cholera auf Ihrem Arbeitsfelde zurückgehalten werden. Man könnte daraus schließen, dass es Ihnen bei der Ausgrabung um die Befriedigung einer persönlichen Liebhaberei zu thun wäre.“ Auch wenn man nach Luschans Meinung, noch „jahrelang“ in Sendschirli graben müsse, „richten Sie sich ganz darauf ein, dass Sie Sendschirli so bald wie möglich verlassen müssen und vielleicht nie wiedersehen werden. Denn soweit ich die Stimmung nach leisen Andeutungen beurteilen kann, hat die Lebensgefahr, in der Sie doch sich zu befinden scheinen, bei allen eine große Besorgnis erweckt, von der man baldigst erlöst sein möchte." Zudem seien die Mittel wirklich erschöpft, denn die Königlichen Museen wollen das Orient-Komitee finanziell nicht mehr unterstützen.[69]

Nicht nur die Cholera macht die Rückreise schwierig. Auch die Verschiffung der Kisten, das eigentliche Ziel der dritten Kampagne, ist immer noch nicht erfolgt, da aufgrund der Quarantäne keine Schiffe aus Alexandrette auslaufen dürfen. Hinzu kommt eine innertürkische Intrige. Der Museumsdirektor Hamdy Bey hat dem Zoll sein Plazet für die Ausschiffung der Kisten gegeben und zugunsten der deutschen Seite sogar gelogen, dass sich nur ein Löwe darin befände, so dass er kompromittiert wäre, wenn die Kisten kontrolliert würden und daher dränge auch Hamdy darauf, „dass nun alles glatt geht". Bedri allerdings würde gern Hamdy stürzen und dessen Nachfolger werden; Luschan hält den türkischen Kommissär mit schönen Worten und viel Bestechungsgeld davon ab, die Wahrheit über den Inhalt der Kisten preis zu geben.

Am 5. Februar 1891 trifft eine Depesche des Orient-Komitees ein, das die Fortsetzung der Grabung verbietet und verlangt, sofort zur Küste abzureisen, um die Gesundheit der Expeditionsteilnehmer nicht länger zu gefährden. Aber am nächsten Tag geschieht das erhoffte Wunder. „Triumph, Triumph! Unser Ausharren ist endlich durch einen großen wichtigen Fund belohnt worden", schreibt Luschan überglücklich an Puchstein. Ein herrliches Relief mit einer phönizischen Inschrift wurde geborgen, das einen König von Sam'al zeigt, den König Kilamuwa um 825 v.u.Z. Nun ist es erwiesen, dass man jene aramäische Stadt ausgräbt, die durch assyrische Schriftquellen bekannt ist. Alle Vermutungen über die indoeuropäischen Hethiter oder „Pseudohethiter" sind hinfällig, es ist eine semitische Stadt, die da ausgegraben wird. Luschan hat das schon länger erhofft, da er ja zu den im Wilhelminischen Kaiserreich eher seltenen Gelehrten gehörte, die nicht jede große kulturelle Leistung den Indoeuropäern zuschrieben wie es die rassistische Überzeugung von der Superiorität aller „Indogermanen" wollte. In den nächsten zwei Tagen werden zwei Sphinxen von besonderer Schönheit zu tage gefördert. Der Großteil der Palastanlage Sam'als wird schließlich freigelegt. Luschan bittet nun Virchow, angesichts dieser neuen sensationellen Funde das Orient-Komitee zu einer offiziellen Verlängerung der Grabung zu bewegen. Aber auch Virchow kann nichts erreichen, und Luschan verspricht ihm, Ende Februar zur Abreise zu rüsten, sobald man Nachricht über den wieder funktionierenden Schiffsverkehr habe.

Wieder mahnt Puchstein ihn, dem Befehl aus Berlin unbedingt zu gehorchen, sobald er nicht mehr durch die Cholera an der Abreise gehindert sei. Luschans Vorstellung von einer Art „Pflicht zur Ausgrabung" sei völlig falsch, denn „diese Pflicht hört auf, sobald der Geldbeutel leer ist und auch die schönsten Funde werden nicht mehr die Kraft haben, den Geldbeutel wieder zu füllen".

Zudem hätten die Gemäldegalerie und das Kupferstichkabinett kein Interesse mehr am alten Orient und wollen das Orient-Komitee nicht mehr finanziell unterstützen. „Ausgrabungen ohne Geld ist ja ebenso schlimm wie ein Krieg ohne Geld." Und vor allen Dingen, warnt Puchstein, „setzen Sie sich nicht in den Ruf eines disziplinlosen Beamten". Also „machen Sie sich auch darauf gefasst, dass womöglich das Geld dazu fehlt, Ihre Funde zu transportieren und dass sie in Sendschirli liegen bleiben. Deshalb müssen Sie auf dem Papier [den sog. Abklatschen] alles so mitbringen, dass es dem großen Publikum vorgelegt werden kann." Im übrigen solle er doch zufrieden sein, dass er „so großes Glück gehabt habe, das ich Ihnen von ganzem Herzen gönne". Gerade das Architektonische, sei doch besonders wertvoll, fügt Puchstein, der 1896 Professor für Klassiche Archäologie in Freiburg im Breisgau wird, hinzu, um dann wieder recht unprofessionell zu bedenken: „Durch die ganzen Funde wird die Chronologie stark verschoben. Alles ist nun durcheinander. Gott gebe Ihnen Ausdauer, dass Sie sich da glücklich hindurch winden."[70]

Am 14. März nehmen die Expeditionsteilnehmer das Schiff von Alexandrette nach Smyrna, nachdem endlich die Kisten der vorangegangenen Expedition verschifft sind. Luschans Hoffnung, die sensationellsten neuen Funde irgendwie unter diese Kisten zu schmuggeln, zerschlägt sich. Allerdings gelingt es ihm, in seinem Gepäck ein Tongefäß mit Silber und Gold zu schmuggeln, von dessen Existenz nur Hassan Bey, Koldewey und Emma wissen. Die Sphinxen und weitere Skulpturen werden in Sendschirli tief vergraben, das Relief des Königs von Sam'al ist so schwer, dass es nur mit einem Kran zu bewegen ist. Nach Berlin telegrafiert Luschan verschlüsselt: „Vierzig Flaschen Mittelwild local deponiert. Oscar."

Trotz des Widerstandes in Berlin lässt Luschan nicht locker und hofft auf eine vierte Kampagne im Herbst noch desselben Jahres. Er will Sendschirli vollständig untersuchen, „selbst wenn es mich meine Stelle am Museum kostet". In nur acht Monaten, so schätzt er, könne die restliche Hälfte des Hügels untersucht werden. Und wieder misst er seine Ergebnisse mit denen Schliemanns, der für die damaligen Archäologen die zentrale Referenz ist. „Die Ausgrabungen in Senschirli die letzten Wochen haben zu Resultaten geführt, die an Wichtigkeit alles übertreffen, was Schliemann bisher geliefert hat." Nur zwei doch eher zufällige Dinge habe dieser „vor anderen Ausgräbern voraus, den Glanz Homers und ein großes eigenes Vermögen".[71]

Zwei bezahlte Wächter hat man im Lager zurückgelassen, und einem nah wohnenden Scheich wurde ein reiches Geschenk versprochen, wenn er dafür sorge, dass bis zur Rückkehr der Deutschen alles in Ordnung bleibe. Noch zweimal wird Luschan nach Sendschirli zurückkehren – 1894 und 1902, mit geringer finanzieller Unterstützung. Denn seit 1898 ist das Orient-Komitee bedeutungslos geworden. In diesem Jahr verließ der reiche Industrielle und Mäzen James Simon den Ausschuss, um die heute noch bestehende, mit umfangreichen Mitteln ausgestattete Deutsche Orient-Gesellschaft zu gründen.

Sie wird die großen Ausgrabungen in Babylon finanzieren, geleitet von Luschans Freund Koldewey, während der Ausgräber von Sendschirli für die Sicherheit seiner, wenn auch ungeliebten, Beamtenstelle am Völkerkundemuseum optiert und sein archäologisches Interesse auf ein anderes Feld konzentriert: die anthropologische Erforschung der Menschheitsgeschichte.

Die Ruinen von Sendschirli werden immerhin so bekannt, dass sie Aufnahme in *Meyers Konversationslexikon* von 1907 finden. „Sie bestehen aus einem künstlichen Hügel (vom doppelten Umfang des Berliner Schlosses) mit der Burg und einer mit zwei konzentrischen, kreisrunden, mit je 100 Türmen und nur drei Thoren versehenen Mauern umgebenen Unterstadt (Durchmesser des äußeren Ringes 700 m). Das reliefgeschmückte Burgtor stammt etwa aus dem Jahr 1000 v. Chr. In der Burg wurden vier Gebäudemassen gefunden: im W. ein großer Königspalast aus dem 8. Jahrhundert, im NO ein zweiter, unter ihm ein älterer Bau mit sehr dicken Mauern und zwei sehr großen Türmen, endlich eine Anlage mit 13 fächerartig geordneten Räumen."

Luschans Wunsch, die aramäische Stadt Sam'al vollständig auszugraben, erfüllte sich nicht, aber der Archäologe sah das in einer umfassenderen Perspektive. „Unter Umständen ist es ein sehr viel größeres Verdienst", bekennt er 1906 in Neumayers vielgelesenen *Wissenschaftlichen Anleitung für Reisende*, „eine schlechte Ausgrabung zu verhindern als selbst eine gute zu unternehmen." In keinem Museum würde irgendein alter Grabfund solange erhalten bleiben wie er vorher unter der Erde geborgen war. Ein Museum trage daher „mehr zur Vernichtung als zum Erhalt von Sammlungsstücken bei“. Seit 2006, hundert Jahre nach diesem kritischen Statement eines Archäologen, wird in Sendschirli wieder gegraben durch das Oriental Institute der Universität von Chicago, und gleich zu Anfang stieß man auf ein Zeugnis der Grabungsgeschichte: die steinerne Baracke, in der Felix und Emma von Luschan zu wohnen pflegten.

Sammeln, messen und vermuten: Der physische Anthropologe

In Berlin entstand 1869 die Gesellschaft für Anthropologie, Ethnologie und Urgeschichte, deren Gründungsmitglieder Rudolf Virchow, Robert Hartmann und Adolf Bastian Ärzte waren. Es sollte ein halbes Jahrhundert dauern, bis die drei Wissensgebiete quasi die Hochschulreife erlangten und durch Professuren vertreten wurden. Die Übergänge zwischen den drei Forschungsrichtungen blieben fließend, gerade zwischen Anthropologie und Ethnologie, wie auch die Arbeiten und Vorlesungen Luschans zeigen. Da Anthropologe oder Ethnologe noch zu Beginn des 20. Jahrhunderts kein festes Berufsbild darstellte, waren es weiterhin Ärzte, aus denen sich die Fachgelehrten rekrutierten. Das große, bildungsbürgerliche Interesse an der anthropologischen Materie bedeutete, dass trotz zunehmender Professionalisierung sich viele Privatleute auf diesem Gebiet tummelten und vor allem Schädel sammelten. Noch 1915 klagt Luschan bei einem Vortrag in Amerika, „anthropology is considered by some scientists and by many others as a sort of Sunday-Afternoon-Amusement and many anthropolocial papers and books are now written by mere Dilettants. Indeed Dilattantisme has now become a most serious danger for anthropology."[72] Aber auch unter den Gelehrten, fährt Luschan fort, herrsche Inkompetenz wie das Beispiel von Schillers Schädel illustriert. Zwei Skelette des großen Dichters existierten. Das eine – von Goethe verifiziert –

ruhe in der Fürstengruft in Weimar, das andere sei jüngst in Tübingen von August Froriep entdeckt worden. Dieser an sich gute Anatom habe jedoch nicht die leiseste Idee von moderner Anthropologie, so Luschan weiter, denn er verstehe nicht einmal, dass sein Schiller-Schädel weiblich ist, was jeder seiner Studenten sehen würde. Luschan wird später für ein kraniologisches Gutachten in dieser Sache angefragt, das allerdings erst 1962 erstellt werden wird. 2008 wiederum ergab eine DNA-Analyse, dass beide Schädel nicht von Schiller stammen.

Wie wenig gesicherte Kenntnisse seine Disziplin besitze, gibt Luschan selbst ganz offen zu. „Die physische Anthropologie ist heute noch einer riesigen Landkarte zu vergleichen", erklärt er 1889 seinen Studenten, „die ein unkundiger Zeichner durch Vergrößerung einer kleinen Kartenskizze hergestellt hat, hie und da hat er vielleicht aus der Vogelperspektive einige richtige Details eingezeichnet. Aber im übrigen ist die Karte werthlos, es fehlen die festen Punkte und die vielen weißen Stellen werden die einzigen sein, die keine Fehler enthalten." Sogar der Sinn des Rassenbegriffs sei zweifelhaft. Am besten wäre es, das Wort zu vermeiden. „Wenn wir es gleichwohl nicht gern entbehren, so ist es, weil es uns einen einfachen Ausdruck gewährt für den Begriff einer Gruppe von gleichartigen Menschen-Typen." Denn es sei „langweilig, z.B. immer von Gruppen farbiger Menschentypen zu sprechen, und es ist weit bequemer, kurzweg farbige Rassen zu sagen, wir verwenden es also einstweilen als ein Wort, für das ein exact ausgeprägter Begriff noch aussteht, entgehen also dadurch der unfruchtbaren Untersuchung, wieviel Rassen es ‚eigentlich' gibt."[73]

So wie zur Anzahl der zeitgenössischen „Rassen" unter den Forschern keine Einigkeit herrschte – aus methodischen Gründen, wie Luschan immer wieder betont – so uneinig war man sich am Ende des 19. Jahrhunderts noch immer über den Ursprung der Menschheit. Seit der Aufklärung wurde debattiert, ob die Menschheit eine Einheit sei, ob also alle Menschen miteinander verwandt seien bzw. denselben Ursprung hätten (monogenetisch) oder im Gegenteil polygenetischen Urspungs seien. Auch Darwins Buch von 1871, das die Evolution des Menschen aus dem Tierreich darlegte, brachte keine überzeugende Antwort in der Debatte. Die Frage lautete nun, ob die Menschwerdung des Affen sich nur einmal und an einer Stelle vollzogen habe oder ob dieser Prozess mehrfach abgelaufen sei. So wollte beispielsweise der Anthropologe Hermann Klaatsch die großen „Rassenkreise der Europiden, Negriden und Mongoliden" von den Schimpansen, den Gorillas und den Orang Utans ableiten. Auf jeden Fall suchte man nach dem „Missing link", d.h. nach einem menschlichen Überrest, der sowohl Mensch als auch Affe war. Zeitweilig galten die 1891 entdeckten Fossilien des „Java-Menschen" als dieser „Missing link", aber bald setzte sich die Auffassung durch, dass es sich doch um eine Affenform handele, während man ihn heute als Homo erectus bezeichnet. Dahinter stand die ungeklärte Frage nach dem Alter der Menschheit. Existierten schon im Tertiär Menschenformen oder nur

Menschenaffen, Vorläufer des erst im Diluvium auftretenden Menschen?

Um 1900 wird die Frage nach der Einheit des Menschengeschlechtes unter den Anthropologen vor allem unter dem Aspekt diskutiert, ob der paläolithische Mensch, d.h. vor allem der 1856 aufgefundene Neandertaler zur selben Spezies wie der Homo sapiens gehöre. Die Entdeckung des Neandertalers kurz vor Darwins wegweisender Publikation über das Gesetz der Evolution bewies die Historizität der Gattung Mensch. Das war eine derart gegen die Lehre der Bibel gerichtete Vorstellung, dass selbst der berühmte Mediziner und Anthropologe Rudolf Virchow zunächst nicht daran glauben wollte. Er hielt das bei Bauarbeiten in der Neandertalschlucht in der Nähe von Düsseldorf entdeckte merkwürdige Schädelfragment für einen üblen Studentenscherz, die da einen modernen, pathologisch deformierten Schädel verbuddelt hätten.

Zeit seines Lebens bleibt Luschan von der „absoluten Einheit des Menschengeschlechtes" überzeugt und sieht „keine zwingende Veranlassung, uns heutige Menschen und unsere paläolithischen Vorfahren in verschiedene Spezies zu teilen". Mit dieser modernen Auffassung befindet er sich in Widerspruch zu den meisten seiner Kollegen, wie z. B. Gustav Schwalbe, dem er 1910 schreibt: „Ich persönlich vermute ja, dass die Primigenius-Rasse nicht ausgestorben ist und noch in einem nicht ganz geringen Teil der heutigen Europäer fortlebt." Obwohl man heute schon länger weiß, dass das der Neandertaler und der Homo sapiens sich aus einem gemeinsamen afrikanischen Vorfahren, dem Homo erectus, entwickelt haben, galt doch der Neandertaler bis vor kurzem als Sackgasse der menschlichen Evolution, ohne Verbindung zum Homo sapiens. Erst seit es Svante Paäbo 2010 gelang, das Neandertaler-Genom zu entziffern, stellte sich heraus, dass im heutigen Menschen ca. 3 Prozent der Gene des Neandertalers enthalten sind. Die Methode, durch die Luschan zu seiner modernen Überzeugung kam, ist die typische der physischen Anthropologie seiner Zeit, d.h. der Schädelvergleich. „Schon vor mehr als fünfzig Jahren hat man das Schädeldach aus dem Neanderthal mit australischen Formen verglichen", publiziert Luschan 1912, „und heute ist es der gut erhaltene Schädel von La Chapelle, der uns durch seine Übereinstimmung mit rezenten Schädeln aus [dem australischen] Neuholland überrascht. Eine so weitgehende Ähnlichkeit kann nicht auf Zufall und nicht auf Konvergenz beruhen – ihr muss eine unmittelbare Verwandtschaft zugrunde liegen."[74]

1915 formuliert er seine letztlich moderne Außenseiterposition noch deutlicher: „Die Mehrzahl der heutigen Anthropologen halten den paläolithischen oder Neandertal-Menschen für eine andere Spezies, nicht für homo sapiens. Ich bin seit vielen Jahren gegen diesen Strom geschwommen und muss darauf bestehen, dass, wenn der Neandertaler Mensch nicht homo sapiens ist, dann auch der heute noch lebende Eingeborene von Australien nicht zu unserer, sondern zu einer anderen Spezies Mensch gehören würde. Ich nehme also eine Verwandtschaft längs der ganzen Linie-Gibraltar-Neuholland, also zwischen den Neandertalern und den heutigen Australiern und uns selbst an." Von der „Urrasse" der Neandertaler hätten sich drei Gruppen abgezweigt: die afrikanische, die mongolische und die westasiatisch-europäische. „Diese drei Hauptgruppen haben sich aber später wieder vermischt, in Europa wie in der Südsee." Dann folgt eine weitere Hypothese: „Der unvermischte Neandertaler-Mensch hat irgendwo im rauhen nebelreichen Norden sein Pigment, das er nicht mehr nötig hatte, verloren und ist blond und blauäugig geworden."[75] Die Annahme vom ursprünglich braunhaarigen und braunäugigen Neandertaler ergibt sich wiederum aus dem Aussehen der australischen Indigenen. In einer Zeit, als der von Arthur de Gobineau 1853 lancierte Ariermythos, d.h. die Behauptung von der natürlichen, ewigen Überlegenheit einer unvermischten „arischen/nordischen Rasse", immer weiter um sich greift, kann Luschans Postulat der Verwandtschaft aller „Menschenrassen" in Vergangenheit und Gegenwart schon als antirassistisch gelten. Gleichzeitig ist aber deutlich, dass den australischen Indigenen mit ihrer vermuteten „weitgehenden Ähnlichkeit" zu Steinzeit-Menschen ein evolutionärer und kultureller Rückstand zugewiesen wird, der – so Luschan – allerdings durch veränderte Umwelt aufhebbar sei. Gewissermaßen als lebendige Steinzeit zogen daher manche indigene Gruppen das gesteigerte anthropologische und ethnologische Interesse auf sich.

„Die Frage nach der ursprünglicher Heimat (dieser Urrasse) ist nicht mit Sicherheit zu beantworten", fährt der bekannte Anthropologe 1915 in seinem vorsichtigen Hypothesenbau fort, „und wird wahrscheinlich immer offenbleiben müssen. Wahrscheinlich ist nur, dass die Wiege des Menschengeschlechtes irgendwo im südlichen Asien gestanden hat."[76] Warum vermutet er die Wiege des Homo sapiens in Asien und nicht in Europa, wo doch die meisten Schädelfunde des Homo primigenius herstammen? Die vergleichsweise hohe Zahl der fossilen Schädelfunde in Westeuropa betrachtet er zu Recht als Zufall, bedingt durch dichte Bevölkerung und intensive Bearbeitung des Bodens. Heute wissen wir, dass Afrika der Ursprungsraum des Homo sapiens ist, aber die 2,6 Millionen alte „Lucy" wurde erst 1974 dort gefunden. Die Annahme einer Herkunft aus Asien erklärt sich aus der indoeuropäischen Sprachverwandtschaft, die Anfang des 19. Jahrhunderts bekannt wurde, als das Sanskrit als älteste, dem Europäischen verwandte Sprache entdeckt wurde. Da man den Homo sapiens als mit Sprache begabt annahm, musste man sich seine Herkunft aus dem Raum mit der ältesten Sprache vorstellen. So ist Luschan überzeugt, dass in anthropologischer Hinsicht „Europa nur eine kleine Halbinsel von Asien" sei. Übrigens war er einer der wenigen Gelehrten seiner Zeit, der sich das Fehlen von Sprache bei den ersten Menschen vorstellen konnte.

So konnte die Frage nach dem Ursprung der weltweiten „Menschenrassen" in einer Zeit vor der Existenz der Paläogenetik und einer geringen Anzahl von menschlichen Fossilien nur mit Hypothesen beantwortet werden bzw. es zeugte von Wissenschaftlichkeit, wenn man wie Luschan diese Problematik hervorhob. Ebenso ungeklärt waren die Bevölkerungsverhältnisse Europas in der Urzeit wie in der Gegenwart. Den einzigen Versuch einer zusammenfassenden anthropologischen Darstellung Europas liefert 1900 der Amerikaner William Ripley, der drei große „Rassen" sieht: die nordische, die mediterrane und die mitteleuropäische, auch alpin genannt. Immer wieder klagt Luschan über den Mangel an empirischen Untersuchungen zu Deutschland. Die einzige Aktion in dieser Hinsicht bildete die Schulkinderuntersuchung im Deutschen Reich, die Rudolf Virchow nach der Reichsgründung 1871 initiierte. Nach dem deutsch-französischen Krieg war es die anthropologische Beschaffenheit der Preußen, die die Gemüter auf beiden Seiten des Rheins erregte. Denn der französische Anthropologe Jean Louis de Quatrefages hatte die These lanciert, dass die Preußen anthropologisch nicht zu den Europäern, sondern zu den Asiaten zählen. Das „barbarische" Verhalten der Preußen im besetzten Paris, als dort viele Kulturschätze zerstört wurden, lenkte die Beweisführung. Mit dem empirischen Großprojekt der Schulkinderuntersuchung wollte man Quatrefages Verdikt entkräften. Die Untersuchung erbrachte u.a., dass der nordische Typus in Deutschland viel weniger verbreitet war als angenommen. Überraschend auch das Ergebnis, dass gerade die jüdischen Kinder „nordischer" aussahen als erwartet. Aber für die genauen anthropologischen Verhältnisse im Reich brachte die Untersuchung der Schulkinder wenig, da nur Augen- und

Haarfarbe notiert wurde. „Tatsächlich sind wir heute über die Anthropologie der Preußen schlechter unterrichtet", erklärt Luschan immer wieder seinen Studenten, „als über die mancher Völker in Innerafrika und der Südsee."

Wo die genauen Kenntnisse fehlen, sprießen die Hypothesen. „Wenn man in Europa in alten Gräbern Skelette von hochgewachsenen Menschen mit langen Schädeln findet, schließt man, dass die auch hellen Teint gehabt haben", beklagt Luschan in seinen Vorlesungen die Manie, im Zweifelsfalle immer Spuren einer langschädeligen „arischen/nordischen Rasse" zu entdecken, die man dann selbstverständlich mit blonden Haaren und blauen Augen ausstatte. Seit den achtziger Jahren propagierten zwei österreichische Laien-Anthropologen, Theodor Poesche und Karl Penka, den Ursprung der „arischen/nordischen Rasse" in Nordeuropa und nicht mehr in Asien. Gleichzeitig trieb der Arierkult weitere Blüten. Überall, wo in Europa große kulturelle Leistungen entstanden, seien die Germanen als jüngster Spross der „Indogermanen"/„Arier" am Werk gewesen, verbreiteten Schriftsteller wie Ludwig Woltmann und Houston Stewart Chamberlain. Der Berliner Prähistoriker Gustav Kossina, seit 1902 Inhaber des neugegründeten Lehrstuhls für deutsche Archäologie, verlieh diesen Mythen wissenschaftliches Flair. Luschan ist ein expliziter Gegner dieser neuen nationalistischen Lehre von der Superiorität der „Indogermanen", die er meist korrekterweise Indoeuropäer nennt. Nicht „der Norden und Norddeutschland sei Ausgangspunkt der europäischen Kultur", wie neuerdings behauptet, schreibt er 1913 an seinen dänischen Kollegen Sophus Müller. Gleichermaßen Anthropologe wie Orient-Archäologe bekennt sich Luschan Zeit seines Lebens zu dem Satz „ex oriente lux". Es ist doch „nachweisbar unsere ganze moderne Kultur aus Ägypten und Babylon erwachsen, auch unsere modernen Religionen sind doch alle orientalisch". Was Kossina an der Universität lehre „ist eine Kulisse von ungeheurem Umfang, die alles umstürzt, wofür ich gelebt und gearbeitet habe".[77]

Wie sah nun die konkrete Arbeit des Anthropologen aus – das Sammeln und Messen? In Neumayers vielgelesener *Anleitung zu wissenschaftlichen Beobachtungen auf Reisen* von 1906 empfiehlt Luschan „so viel anthropologisches Material zu bergen als nur überhaupt möglich ist". Sehr anschaulich schildert er den stetig zugenommenen Materialbedarf der Anthropologen. Johann Friedrich Blumenbach (1752-1840), der als Begründer der wissenschaftlichen Anthropologie gilt, „schätzte sich glücklich, von jedem bekannten Volk einen Schädel zu besitzen". Rudolf Virchow (1821-1902) wünschte sich sechs bis zwölf Skelette pro „Stamm" und der französische Anthropologe Paul Broca (1824-1880) verlangte fünfzig Schädel. Luschan ermahnt die angehenden Reisenden, beim „Sammeln" kein „Ärgernis zu erregen" und die „berechtigten Gefühle der Eingeborenen nicht zu verletzen". Dies sei jedoch nicht schwierig, denn „glücklicherweise sind die meisten primitiven Menschen in dieser Beziehung ungleich vernünftiger als wir, und es gibt viele Gegenden, in denen man ein Skelett für ein Stück Seife oder eine Stange Tabak ausgraben kann."[78] Mit deutlicheren Worten lässt sich der ungleiche Tausch kaum beschreiben, für dessen Unrechtscharakter kein Bewusstsein herrschte. Dem einzelnen Schädel bzw. Skelett misst Luschan wenig Bedeutung zu, er fordert Serien, die die Quantität der Daten erhöhen, was wiederum die ausufernden Sammlungen erklärt. Die Daten wurden zu Tabellen, Diagrammen und Kurven verarbeitet, die man sich – jedenfalls unter befreundeten Kollegen – weiterreichte wie der enge Austausch zwischen den Freunden Luschan und Boas an der Columbia University in New York belegt. Welche wissenschaftliche Fragestellung hinter dem schier unendlichen „Sammeln" stand, erläutert Luschan erst 1922 in deutlichen Worten. Es gehe um die schwierig zu beantwortende Frage, „ob vorhandene Unterschiede noch auf Rechnung der Variationsbreite oder schon auf die Einwirkung eines fremden Typus zurückzuführen sind"; und er hebt „mit größtmöglichen Nachdruck" hervor, dass gerade die Variationsbreite zu den allerwichtigsten Eigenschaften jeder natürlichen Gruppe gehört. Das erklärt aber auch den „instinktmäßigen und unersättlichen ‚Hunger' des Anthropologen nach immer größeren Schädelserien."[79] Es ist also das Interesse, den sozusagen qualitativen Sprung von einem Menschentypus zum andern zu beobachten, mit dem Luschan seine immensen Schädel-Sammlungen begründet, wobei er sich durchaus den Vorwurf einhandelte, „Doubletten" zu sammeln.

Das Sammeln von Skeletten und vor allem Schädeln – dem ‚Gefäß' des menschlichen Gehirns – ist gegen Ende des 19. Jahrhunderts weit verbreitet, bei Anthropologen ebenso wie bei Laien. Die Aussagekraft der am reinen Knochengerüst gewonnenen Maße – sozusagen fleischbereinigt – galt tendenziell als größer als die an Lebenden gewonnenen. Gerade Luschan betrachtet das Vermessen von lebenden Menschen nur als „Notbehelf". Aber da die magere Ausbeute an prähistorischen humanen Überresten vergleichsweise wenig Auskunft bot zu den zentralen anthropologischen Fragen nach der Genese des Menschen und der Verbreitung der Menschentypen, hoffte man der Antwort vom ‚oberen Ende' der Geschichte, also anhand rezenten Materials, näher zu kommen. Luschan sammelt in doppelter Funktion: In seiner Eigenschaft als Leiter der anthropologischen und prähistorischen Abteilung des Berliner Völkerkunde-Museums sowie privat für seine Lehrmittelsammlung als Professor der Anthropologie. Gegen Ende seines Lebens umfasste die erstgenannte Sammlung ca. 5.500 Schädel und Skelette. Wieviele davon aus kolonialen Kontexten stammen und wieviele aus Europa, wissen wir nicht genau. Nach Luschans Tod erhielt die anthropologischen Bestände des Museums 1925 die medizinische Fakultät der Berliner Universität (heute Charité), die diese wiederum 2011 an das Museum für Vor- und Frühgeschichte abgab, das sich nun mit der Restitutionsforschung befasst.[80] Die private Sammlung verkaufte die Witwe an das Museum of Natural History in New York. Wie weit das leidenschaftslose Erkenntnisinteresse eines Anthropologen gehen kann, zeigt Luschans testamentarische Verfügung, nach seinem Tod sein eigenes Skelett in seine Lehrsammlung zu integrieren.

Im ausgehenden 19. Jahrhundert hatte sich ein regelrechter Markt für Schädel entwickelt, der wie der Kunst- oder Antiquitätenmarkt funktionierte. Unter den Gelehrten besteht ein lebhafter Tauschhandel. Henry Balfour, Leiter der ethnographischen Abteilung des Universitätsmuseum Oxford, sammelt privat Musikinstrumente, während sein Berliner Kollege sich für Objekte mit Swastika sowie Schädel interessiert. Beim Tausch achten beide Museumsmänner sorgfältig darauf, ob er dem privaten oder dem öffentlichen Zweck, also ihrem Museum, dient. Balfour hat Mühe, Luschans Wünsche nach britannischen Schädeln zu befriedigen. „The difficulty about skulls is that they are very eagerly collected in England for National and other collections and command a high price in the market." Auch bei seinen Forschungen in Algerien bei den Berbern sei nichts für den Freund abgefallen. „I could not get the Kabyles to help me, it would have been very dangerous to try on my own account in the native burial grounds in the mountains."[81]

In Europa war es auch schwierig, von den Friedhöfen „Material" zu bekommen. Nur wenn alte Gräber eingeebnet wurden, bot sich eine gewisse Chance. Ein Bekannter im galizischen Lemberg erklärt sich bereit, dem Berliner Anthropologen zuzuarbeiten. Aber es wird dann nichts daraus, denn der Totengräber, der „für die Sache gewonnen wurde, hat sich aus Furcht, vom Dienst entlassen zu werden, im letzten Augenblick entzogen". Jedoch gelingt es Privatleuten immer wieder, sich Schädel zu sichern, wenn alte Gräber eingeebnet werden. So erhält Luschan aus Rostock einige Schädel, die zu seinem Bedauern jedoch erst ca. hundert Jahre alt sind. Da gerade die anthropologischen Verhältnisse Europas von größtem Interesse sind und das Sammeln von europäischen Schädeln so schwierig, greift der Anthropologe nach jeder Gelegenheit, die sich ihm bietet. Der Leiter des Naturalien-Cabinetts in Stuttgart berichtet ihm von einer Geheimrätin, die bereit wäre, Puppen gegen Schwabenschädel einzutauschen. „Nun möchte ich Sie aber vorher fragen, welches Kriterium Sie an einen Schwabenschädel anlegen", fragt der Stuttgarter Museumsmann, „denn wenn Frau Herzogin Wera, bei der das Gespräch mit der Geheimrätin stattfand, meinte, dass man ordentlich drauf klopfen kann, ohne dass er zerbricht, so dürfte dies anthropologisch kaum genügen. Scherz beiseite, ich denke mir, dass Sie ausgesprochen brachykephale Alemannenschädel wünschen."[82] Die Brachykephalie (Kurzköpfigkeit) der Schwaben interessierte die Anthropologen sehr, da das Alemannische ja eine besondere germanische Sprache war und man die Indoeuropäer und Germanen insgesamt als langköpfig vermutete. Um die Jahrhundertwende entstand eine heftige wissenschaftliche Kontroverse, als der süddeutsche Gynäkologe Walcher behauptete, die alemannische Kurzköpfigkeit sei keine prähistorische Konstante, sondern hausgemacht, indem die Säuglinge, um nicht in den ungewöhnlich weichen Kissen zu ersticken, sehr früh lernten, auf dem Hinterkopf zu liegen. Der vielzitierte Schädelindex, der die Brachykephalen (Kurzköpfigen) von den Dolichokephalen (Langköpfigen) trennte, galt seit Mitte des 19. Jahrhunderts als wichtigstes anthropologisches Kriterium. Eingeführt von dem Schweden Anders Retzius, bestimmte er sich nach dem Längen-Breitenverhältnis. Schädel, von oben gesehen, deren Breite weniger als 75 Prozent der Länge ausmachten, nannte man dolichokephal. Brachykephal hieß umgekehrt: Länge geteilt durch Breite liegt über 75 Prozent. An weniges glaubten die Anthropologen so fest wie die Konstanz der Schädelform.

Aber nicht nur Schädel des sogenannten Normalmenschen interessieren Luschan, sondern auch die von den Menschen, die als Inbegriff des pathologischen Zustandes galten: die Geisteskranken. Er fragt deshalb an der zentralen rheinischen Irrenanstalt Grafenberg bei Düsseldorf an, in der Hoffnung, seine Beziehungen spielen zu lassen; einer der dortigen Ärzte ist der Bruder eines Ethnologen, mit dem er in Kontakt steht. „Was die Schädel betrifft, so tut es mir leid", antwortet ihm der junge Arzt, „keinen günstigeren Bescheid geben zu können. In der hiesigen Anstalt werden dieselben nicht aufbewahrt, weil von Seiten der katholischen Bevölkerung und des Personals Schwierigkeiten entgegen gesetzt werden; die Verwandten kommen erst (wegen der weiten Entfernung) nach der Obduktion die Leichen besichtigen, infolgedessen müssen die Leichen zu diesem Zweck wieder fertig mit allem, was ihnen gehört, daliegen. Hinzukommt, dass die Provincialverwaltung diesen Manipulationen abhold ist." Dementsprechende Bedenken habe sein Anstaltsdirektor, „den ich wegen der Versendung von Schädeln an Sie interpellierte", der nur sagte, es sei vielleicht möglich „gelegentlich einmal einen besonders pathologischen Schädel abzufangen und an Sie gelangen zu lassen". Luschan schöpft Hoffnung und hakt noch einmal nach. Der junge Arzt tröstet ihn damit, dass nur wenige interessante Fälle unter den siebenhundertfünfzig Kranken existieren, „diese weilen aber alle unter den Lebenden". Sein Direktor sei weiterhin sehr zurückhaltend, gerade angesichts eines jüngst erfolgten Vorfalles. Der Direktor der Epilepsie-Anstalt zu Wuhlgarten sei „nämlich von einem ausgetretenen Wärter angezeigt worden, weil er Schädel von Obducierten zurückbehielt und sogar nachträglich exhumiert haben soll!"[83]

Die Beschaffung von Schädeln in Deutschland, ja ganz Europa gestaltete sich äußerst schwierig, zumal man bei dem hauptsächlichen Rekrutierungsort Friedhof „Erregung öffentlichen Ärgernisses" fürchten musste. Dagegen eröffnete der Besitz deutscher Kolonien in Afrika und der Südsee seit 1884 leichteren Zugang zu jenem „Material", auf dem die anthropologische Forschung beruhte. Luschan erhofft sich von einzelnen Forschungsreisenden wie z. B. dem Schweizer Otto Schlaginhaufen, der in Deutsch-Neuginea unterwegs ist, „große Serien von Schädeln und Skeletten. Das ist ja immer noch viel sichereres Material als wie die Messungen an Lebenden." Für die Reisenden wiederum bietet eifriges „Sammeln" von Schädeln die Möglichkeit, ihre Expedition zu finanzieren. Ian Czechanowski – unterwegs in Afrika – kann „mit bereits 800 eingesandten Schädeln einen großen Teil seiner Reisekosten decken, auch wenn seine ethnographische Ausbeute verhältnismäßig gering sein sollte".[84] Schädel ließen sich leichter und teurer verkaufen als Ethnographica, zumal wenn für sie, beispielsweise durch Luschan, ein fester Stückpreis garantiert war, der je nach Region zwischen 4 bis 10 Mark lag.

Herzog Adolf Friedrich von Mecklenburg, 1912 bis 1914 Gouverneur von Deutsch-Togo, schickt 1909 vor seinen zweiten Expedition durch Zentralafrika die Mutter zu dem Anthropologen, um in aller Diskretion über die künftige Schädelausbeute zu verhandeln. Es ist eine große Sache, die da verhandelt wird. Nicht mehr als 1.000 Schädel aus einem Bezirk zu senden, bittet Luschan, da sein Aufbewahrungsraum und seine Mittel beschränkt seien. Angesichts der ausstehenden großen Menge ist es erstaunlich, dass Luschan verspricht, über den Ursprung der Schädel „absolute Diskretion zu bewahren". Es war wohl an eine systematische Plünderung in ostafrikanischen Dörfern gedacht, die infolge des Brandrodungsbaus verlassen zu werden pflegten. Kollektive Begräbnisstätten existierten bei den Ethnien im tropischen Afrika selten, die Toten wurden meist in der Nähe ihrer ehemaligen Wohnstätte begraben. Luschan ist die große Sache nicht ganz geheuer, er will lieber nicht in offizieller Eigenschaft als Museumsbeamter agieren, sondern als Privatmann und die Ausbeute in seine Lehrmittel-Sammlung integrieren. Er fordert, „jede Art von Anstoß zu vermeiden. So groß auch mein wissenschaftliches Interesse an einer größeren Serie solcher Schädel sein würde, so möchte ich doch vorziehen, die Sache fallen zu lassen, wenn sie nicht ganz ohne Erregung von Ärgernis durchgeführt werden kann."[85] Die Aktion in Ostafrika wurde tatsächlich durchgeführt. Es handelt sich um jene ca. 1.000 „human remains", die sich seit 2011 im Besitz des Museums für Vor- und Frühgeschichte befinden, das gerade diese Sammlung zusammen mit Wissenschaftlern aus Ruanda sorgfältig erforscht hat und den Prozess der Rückgabe initiiert.[86]

Das Schädelsammeln sei „im Innern leichter als bei der empfindlichen Küstenbevölkerung", berichtet 1906 ein Missionsarzt aus Daressalam in „Deutsch-Ostafrika und verspricht dennoch sein Bestes, um „bei der Sektion manchen Schädel zurückzuhalten", was aber schwierig sei, „weil die Eingeborenen hier nicht in Särgen begraben werden"[87]. Die deutsche Kolonialverwaltung sah das Ausgraben von Skeletten und Schädeln ungern und fürchtete um den sozialen Frieden. Er würde Luschan gern Schädel oder auch andere Knochen aus Togo schicken, schreibt ein Bezirksamtmann, „aber ich weiß ja, wie ängstlich gerade die Verwaltung bemüht sein muss, kein Ärgernis zu erwecken". Anfang 1914 erinnert Luschan den Kolonialbeamten Hans von Doering in Togo, dass kostbares Material noch ausstehe. „An mehreren Stellen in Togo liegen Knochen für uns bereit, die durch versiegelte Flaschen mit genauer Angabe der Stammeszugehörigkeit etc. identifizierbar sind. Sie stammen von Leichen, die teilweise noch zur Zeit von Kersting begraben wurden. Ich wäre Ihnen ganz ausnehmend dankbar, wenn Sie veranlassen könnten, dass die Knochen nunmehr ausgegraben und hierher gesandt werden. Selbstverständlich bezieht sich meine Bitte nur auf solches Material, dessen Bergung ohne Erregung von Ärgernis möglich ist."[88] Die „versiegelten Flaschen" stammten aus der Zeit des Bezirksamtmann Kersting, der zwischen 1897 und 1902 in zahlreichen militärischen Operationen die einheimische Bevölkerung niedermetzeln ließ.

Restitutionsforderungen bei „human remains" gibt es nicht erst neuerdings, sondern bereits im Versailler Vertrag von 1919 ist ein solcher Fall festgehalten. Der Reichskolonialminister Johannes Bell, der den aufgelösten deutschen Kolonialbesitz abwickelte, schreibt im Januar 1920 an Luschan: „Gemäß § 246 Abs. 2 des Friedensvertrages ist Deutschland verpflichtet, den Schädel des Sultan ‚Makaua' an die englische Regierung zu übergeben. Jedenfalls ist mit Makaua der 1899 durch Selbstmord geendet Wahehe Häuptling Quawa in Deutsch-Ostafrika gemeint." Ob der Schädel sich in der anthropologischen Sammlung des Berliner Völkerkundemuseums befinde? Luschan notiert an den Rand: „Nein, vielleicht weiß Stuhlmann in Hamburg etwas."[89] Dieser merkwürdige Paragraph 246 klingt fast so, als ob der Vorwurf der Siegermächte, Deutschland sei moralisch nicht in der Lage, Kolonialbesitz zu unterhalten, auch mit der extensiven Schädeljagd in den Kolonien zu tun hatte. Der heute im Museum von Iringa in Tansania aufbewahrte Schädel des Sultans wurde 1953 vom britischen Gouverneur Tanganjikas im Bremer Überseemuseum ‚entdeckt'. Ob dieser Schädel tatsächlich der des Sultans ist – oder von einem europäischen Friedhof stammt – ließe sich heute durch einen Gentest der Nachkommen klären, die daran jedoch kein Interesse bekunden.

Kriegerische Konflikte erschienen dem Schädelsammler Felix von Luschan in der Optik willkommener Fundstätten. Im Dezember 1916, als das Massaker an den Armeniern bekannt wird, schreibt er einem Forscher, der sich in der Türkei aufhält: „Falls es Ihnen wirklich möglich sein sollte, eine größere Anzahl von armenischen Schädeln ohne Erregung von Ärgernis für die Wissenschaft zu retten, wäre ich Ihnen außerordentlich dankbar. Ich würde selbstverständlich für alle Kosten: Transport, Verpackung, Trinkgelder usw. gern aufkommen. Je mehr wir bekommen könnten, um so lieber wäre es mir natürlich." Auch wenn offenkundig ist, dass der Anthropologe vom Massaker für seine Wissenschaft zu profitieren sucht, nimmt er doch gleichzeitig großen Anteil am Schicksal der Armenier. Er ist bei den Armeniern, deren Siedlungsgebiete er öfters bereist hat, bekannt dafür, ihr Streben nach Unabhängigkeit von der Türkei zu unterstützen. So bittet 1906 die Union des étudiants arméniens de l'Europe in Genf den bekannten Orientreisenden um einen Beitrag für ihren Band über *La question arménienne du peuple martyr* und 1921 unterstützt Luschan die Spendenaufrufe für armenische Frauen und Kinder.[90] Für uns heute ist es schwer vorstellbar, wie ein – leichenfledderndes – wissenschaftliches Interesse wie das der damaligen physischen Anthropologie einher gehen konnte mit emotionalem, politischen Engagement.

Die „humain remains", auf diese manchmal haarsträubende Weise erlangt, wurden dann nach allen Regeln der anthropologischen ‚Kunst' von den Gelehrten vermessen. Aber auch lebende Menschen wurden vermessen, nicht nur in den Kolonien, sondern auch in Europa bzw. im Deutschen Reich. Die erste große anthropologische Massenuntersuchung an deutschen Schulkindern 1871 hatte nur die Haar- und Augenfarbe notiert. Seit 1885 organisierte der Ingenieur und Journalist Otto Ammon eine umfangreiche anthropometrische und statistische Erhebung, bei der gerade der Schädelindex gemessen wurde. Diesmal lieferten Rekruten bei der Musterung die Daten, und 1899 erschien darüber Ammons Buch *Zur Anthropologie der Badener*. Hier und in weiteren Büchern Ammons wurde das sog. Ammonsche Gesetz verbreitet, wonach besonders Angehörige der tatkräftigen „nordischen Rasse" in die Städte abwandern, dort weniger Kinder bekommen und daher von den Unterschichten („alpiner Rasse") „ausgeboren" würden. Die Städte wurden damit zu den „Totengräbern" der „nordischen Rasse", ein rassentheoretisches Konstrukt, an das nach 1933 der Reichslandwirtschaftsminister Walter Darré anknüpfen wird. Luschan stand in regem Briefkontakt mit Ammon, der im Vorstand des völkischen Alldeutschen Verbandes war, ohne dessen politische und nordizistischen Ansichten zu teilen, ein Beispiel mehr, dass elementare politisch-ideologische Meinungsdifferenzen in dieser Zeit die wissenschaftliche Kommunikation nicht beeinträchtigen mussten. Eine allgemeine anthropologische Untersuchung der Reichsbevölkerung war der Traum aller deutschen Anthropologen und Eugeniker, der kurz vor dem Krieg konkrete Gestalt anzunehmen schien. „Jetzt wird die Sache ja akut", schreibt 1913 optimistisch der Hamburger Mediziner und Ethnologe Georg Thilenius, „da die Finanzen des Reiches sich zweifellos bessern und in den nächsten Jahren geradezu glänzend sein werden."[91]

Inzwischen ging das Vermessen von Kolonialisierten weiter. In Neumayers *Anleitung zum wissenschaftlichen Beobachten auf Reisen* erklärt Luschan auf zwanzig Seiten, wie und wo am Körper überall Maß zu nehmen sei. Siebzig Maßeinheiten sind genannt, für ungeschulte Reisende allerdings um die Hälfte reduziert, aber immer noch kompliziert genug, da weitgehend durch Berechnung zu ermitteln. Ob nun bereits der Reisende vor Ort rechnen soll oder erst der Anthropologe zuhause am Schreibtisch, bleibt offen, ebenso die Frage, ob das Zentimetermaß reicht oder abenteuerliche Gerätschaften mitgeschleppt werden müssen wie „Taster, Gleiter, ein mit einem großen Stangenzirkel kombinierter Anthropometer und ein Kubus-Kraniophor". Es lässt sich verstehen, dass das Ausgraben von Schädeln im Vergleich dazu eine höchst simple Angelegenheit war. Auffällig ist, dass in der *Anleitung* von 1906 die Fotografie als Hilfsmittel nicht erwähnt wird. Die Reisenden sammelten mit Vorliebe, weil es so schön einfach war, Haarproben und Informationen zur Augen- und Hautfarbe, die sie mit einer buntgedruckten Farbskala abglichen. Hier wirkte Luschan ‚innovativ', indem er eine vielgelobte, emaillierte Hautfarbentafel entwickelte.

Die Auswertung der anthropologischen Daten litt nicht nur an der enormen Fülle, sondern auch an mangelnder Einheitlichkeit, zumal national große Unterschiede herrschten. Auf dem internationalen Anthropologenkongress 1906 in Monaco fordert Luschan die Vereinheitlichung der kraniometrischen (am Schädel gewonnenen) Messtechnik. Der internationale Anthropologenkongress in Genf 1910 widmete sich der Standardisierung der Messmethoden an Lebenden. Gerade die Gerätschaften zur Kopfmessung waren absonderlich und wurden häufig ‚verbessert'. Das 1914 erschienene *Lehrbuch für Anthropologie* des Münchner Anatomen Rudolf Martin – den Luschan um seinen mit vierzehn Mitarbeitern ausgestatteten Lehrstuhl beneidet – gibt einen Einblick in diese Apparaturen. Als 1911 bei der Berliner Gesellschaft für Anthropologie ein neuer Apparat für Kopfmessungen vorgeführt wird, meint sogar Luschan, dass sich niemand so etwas anlegen lassen würde, außer zwangsweise in der Psychiatrie.

Befreundete Kollegen tauschten ihre Messergebnisse aus. So bittet Boas – neben „typischen armenischen und jüdischen Schädeln" – Luschan um eine Kopie seiner „Kurven über die Verteilung des Schädelindexes bei den Völkern, bei denen er gearbeitet hat". Luschan benutzt Vorläufer der heutigen Korrelationstabellen und wettert gegen den „Unfug der Mittelzahlen", die Mischformen vortäuschen, die in Wirklichkeit kaum existieren. Auch die Metereologen würden ja nicht weit entlegene Gebiete miteinander in Bezug setzen, nur weil dieselbe Jahresmitteltemperatur ermittelt würde. Die Fülle der Daten nahm permanent zu und gleichzeitig wurde die Ausbildung zu ihrer Erhebung immer komplizierter. „Heute erfordern anthropologische Untersuchungen mindestens eine einjährige Vorbereitung an einem Institut und beste Vertrautheit mit den Messungs- und Aufnahmemethoden", entmutigt Luschan 1923 einen Militär, der ihm zuarbeiten will. „Vor etwa dreißig Jahren konnte noch Otto Finsch an Rudolf Virchow schreiben, er sei nun einige Wochen in Neu-Britannien gewesen, hätte dort alles erledigt, was noch an ethnographischen und anthropologischen Arbeiten zu leisten sei."[92]

Auch wenn das Vermessen unübersehbar von Hierarchie und struktureller Gewalt geprägt ist, so sei doch erwähnt, dass die Anthropologen sich ebenfalls untereinander vermessen haben. Ein Wiener Kollege freut sich auf das Wiedersehen mit Luschan „und stelle Ihnen auch gern meinen Körper behufs anthropometrischer Vermessung zur Verfügung"[93]. Aber überwiegend wurden Personen vermessen, die in einem Abhängigkeitsverhältnis standen wie Indigene in den Kolonien oder Strafgefangene. Und auch Otto Ammons Badener Wehrdienstrekruten hatten sicher nicht die Möglichkeit, den Zugriff auf ihren Körper zu verweigern. Die Anthropologie war immer auf der Suche nach „Material", und Luschan empfahl sogar das Anbiedern im Dienste der Wissenschaft. Er habe seine Instruktionen befolgt, schreibt einer seiner Schüler, und habe sich auf der Schiffsreise schon mit den Missionaren angefreundet und mit der schwarzen Mannschaft, so dass er zwei messen konnte – unklar, ob zwei der Missionare oder zwei aus der Mannschaft.

Das Vermessen Gleichgestellter war sehr begehrt, aber selten. Es sei an die „müßigen Stunden im Roten Meer“ 1905 auf der Rückreise aus Südafrika erinnert, wo das Ehepaar Luschan fünfundneunzig Engländer vermessen durfte. 1912 hat Luschan auf Kreta Glück, „dank Seiner Heiligkeit, des Metropoliten von Heraklion, der mir ermöglichte, auch auf den Kirchhöfen zu arbeiten und Schädel zu messen“. So habe er trotz knapp bemessener Zeit siebenundachtzig Schädel und dreihunderteinundzwanzig Lebende gemessen, darunter allerdings nur Männer, denn obwohl Emma Luschan dabei war, gelang es nicht, Frauen zu vermessen. Luschan freut sich, diesmal eine gehobenere Schicht vermessen zu können, nämlich die Gendarmen. Bei den ferner untersuchten Sträflingen, so betont er, handele es sich nicht um Kriminelle im üblichen Sinne, da meist wegen Blutrache inhaftiert. Die ganze Aktion auf Kreta, hofft er, werde die Entscheidung über die Rassenzugehörigkeit der alten Dorer erlauben.[94] Das „rezente Material“ soll also nach dem Kontinuitätsprinzip historische Rückschlüsse erlauben.

Aber selbst die Angehörigen der Kolonialvölker sind immer schwieriger zu beobachten und vermessen, da durch den kolonialen Ausbeutungsprozess zunehmend ihrer traditionellen Umgebung entfremdet, klagt 1914 ein Reisender in der deutschen Kolonie Neuguinea. Diese sei „ein Land des Gelderwerbs geworden, die Einheimischen wurden genötigt, getrennt von den Europäern zu siedeln (kaserniert), so dass ethnographisch kein natürliches Bild zu gewinnen ist und vor allem anthropologische Messungen schwer sind, da alle von den Europäern zu Lösch- und Ladearbeiten angehalten werden."[95] Eugen Fischer dagegen befürchtete, dass die *Rehobotherbastards* in Deutsch-Südwestafrika sich vielleicht nicht vermessen lassen würden, weil bereits „civilisiert", d.h. in christlichen Gemeinden lebend. Im übrigen scheinen manche Ethnien weniger das Vermessen als das Fotografiertwerden verweigert zu haben. Das berichtet ein Luschan-Schüler z.B. über die jüdischen Karaiten in Galizien.

Besonders gern nahmen die Anthropologen Messungen an Strafgefangenen vor; es war kein Widerstand zu befürchten und ein reibungsloser, rascher Ablauf der Untersuchungen garantiert. Außerdem handelte es sich um größere Gruppen, die daher Serienmessungen ermöglichten. Denn auch wenn die Anthropologen bei der Erforschung der frühen Menschheitsgeschichte auf zufällig entdeckte, vereinzelte „Überreste" beschränkt waren, so wussten sie, dass ihre Erkenntnisse gerade über den gegenwärtigen Menschen auf Serien aufbauen mussten. Alle Studien in Gefängnissen litten jedoch an dem Problem, eventuell ‚nur' Unterschichten zu untersuchen, über deren „rassische" Andersartigkeit bzw. Minderwertigkeit – noch potenziert durch die Kriminalität – im Vergleich zu den Oberschichten sich gerade die um 1900 aufkommende Eugenik Gedanken machte. Deshalb betont Luschan bei seiner Studie über Kreta, dass die untersuchten Sträflinge aus ehrenhaften Gründen, nämlich „Blutrache", einsitzen.

Serienmessungen wie auf Kreta bedeuteten ein Glücksfall, denn der Zugang zu „Material" in Europa war generell schwieriger als in der hierarchischen kolonialen Situation. „Schädel von Basken sind naturgemäß sehr schwer zu erlangen", schreibt Luschan an den spanischen Botschaftsrat in Berlin und bittet ihn um Unterstützung, „wo es möglich wäre solche ohne Erregung von Ärgernis für die Wissenschaft zu retten, wäre das natürlich zu tun und würde mit sehr großer Dankbarkeit begrüßt werden."[96] Für die Basken interessierte sich die Anthropologie besonders wegen ihrer nicht-indoeuropäischen Sprache, die einen besonderen „rassischen" Ursprung vermuten ließ. Im Prinzip galt den „Rassenverhältnissen" Europas also viel größere Aufmerksamkeit als der Anthropologie nichteuropäischer Kolonialvölkern. Aber so groß das theoretische Interesse, so gering die Chancen auf aussagekräftiges „Material" in Europa. So wussten die Anthropologen mehr über die Einwohner der Südsee und Innerafrikas als über die Preußen, wie Luschan immer wieder betonte.

Die Kriegssituation in Europa seit 1914 bot nun eine willkommene Möglichkeit zur Messung sowohl an europäischen als auch an außereuropäischen Kriegsgefangenen sozusagen jeder Couleur. In den zahlreichen Gefangenenlagern, insbesondere in Gießen, in Limburg, in Soltau bei Hannover und Ohrdruft bei Erfurt waren Kriegsgefangene aus den französischen und englischen Kolonialtruppen interniert. Im Lager Wünsdorf bei Berlin („Halbmondlager") befanden sich ca. 100.000 muslimische Kriegsgefangene, für deren Religionsausübung eine Moschee gebaut wurde.[97] Westeuropäische und noch mehr osteuropäische Kriegsgefangene wurden ebenfalls anthropologisch untersucht.

Erlebte das breite Publikum die „exotischen Fremden“ vor dem Krieg in den kolonialen „Völkerschauen“ der Zoologischen Gärten, war es jetzt im Krieg auf die Rolle des Lesers reduziert. Die Familienzeitschriften publizierten Serien mit „Typen“ und „Charakterköpfen“ aus Gefangenenlagern. Auch Fotobände erschienen, am bekanntesten wurde 1916 der Bildband eines Architekten und nun Lagerkommandanten: Otto Stiehl *Unsere Feinde. Charakterköpfe aus deutschen Kriegsgefangenenlagern.*

Luschan verbringt jeden freien Augenblick in den Kriegsgefangenenlagern, deren Besuch „für den Fachmann fast so lohnend ist wie eine Reise um die Welt“. Er gehört der Preußischen Phonographischen Kommission an, die Sprache und Lieder ‚exotischer‘ Kriegsgefangener aufnimmt. Vor allem beschäftigt er Mitarbeiter und Doktoranden, für die er zeitweilig eine Beurlaubung von der Front bewirkt, ein Zeichen dafür, dass die anthropologische Recherche als kriegswichtig eingestuft ist. Otto Reche aus Hamburg beispielsweise, ein nach 1933 sehr aktiver nationalsozialistischer Rassenkundler, untersucht Flamen und Schotten im Kriegsgefangenenlager bei Zossen. Egon von Eickstedt schreibt 1915 seinem Lehrer von der Westfront, dass er hoffe, dort Material für eine Doktorarbeit zu finden. Luschan rät ihm, „ein paar hundert Gefangene genau zu messen (Kopf und Körper) natürlich aus einer anthropologisch interessanten Gruppe: Inder, Turkos oder

Innerasiaten". Diese Möglichkeit habe er nicht, antwortet Eickstedt, da er mit dem Feldröntenwagen arbeite und „höchst selten mit solchen Leuten zusammen komme". Nun lässt Luschan auch diesen Schüler von der Front zu beurlauben, um ihn in deutschen Gefangenenlagern arbeiten zu lassen.[98] Für das Jahr 1916 wird Eickstedt freigestellt und misst – als Assistent des Völkerkundemuseums und finanziert aus einem Extrafonds des Preußischen Kultusministeriums – täglich mindestens vierzehn Kriegsgefangene in den Lagern Gießen und Erfurt.

Aus Gießen berichtet Eickstedt von der „schauderhaften Behandlung der Gefangenen seitens des größten Teils des deutschen Personals. Der Eigenart der einzelnen Völker wird so gut wie keine Rechnung getragen. Es geschieht vieles, was unter keinem Vorwand haltbar ist. Ich fürchte, dass nach dem Frieden zwei Millionen Menschen von den Straßen Londons bis in die fernsten Dörfer des Urals zu reden anfangen werden. Von den deutschen Gefangenenlagern muss sich eine riesige Woge des Hasses über Europa ausbreiten. ‚Whatever a peace may bring – who was prisoner in Germany, shall never forget it.'" Diesen Satz höre er häufig von Engländern und Franzosen. Der junge Anthropologe zitiert aus dem Brief eines Bekannten, der in einem anderen Lager arbeitet: „Es ist wirklich ein grauenvoller, empörender Anblick, wenn man diese Skelette – alias Menschen – vegetieren sieht." Dabei handele es sich meist um russische Kriegsgefangene. Eickstedt – später als namhafter NS-Rassenkundler nicht gerade bekannt für seine Empathie – zeigt hier menschliche Gefühle, denen Luschan verständnislos gegenübersteht. Der rät ihm, seine doch nur lokale Beobachtung über die katastrophale Ernährung der Gefangenen nicht zu verallgemeinern und vor allem „über diese Dinge nicht nur nicht zu reden, sondern auch nicht zu schreiben". Er kenne ja durchaus die gegenteilige Situation, „wo die Gefangenen Fußball spielen und ins Kino gehen, während deutsche Gefangene in England und Frankreich schlecht behandelt werden".[99]

Zusammen mit dem auch künstlerisch ausgebildeten Hermann Struck, seinem jüdischen Lieblingsschüler, verfolgt Luschan ein besonderes Projekt, das von ganz oben angeregt wurde. „Auf Veranlassung des Herrn Grafen Oppersdorff und in Besprechungen mit dem Großen Generalstab", schreibt Struck am 15. Mai 1915 an seinen Lehrer, „habe ich den Plan gefasst, eine Mappe mit Lithographien und Radierungen zu fertigen, die eine Sammlung der verschiedenen Typen unserer Gefangenen darstellen soll."[100] Dies künstlerische Vorhaben hatte Luschan um den anthropologischen Aspekt erweitert und im Oktober 1915 einen entsprechenden Antrag gestellt bei seiner vorgesetzten Dienstbehörde, dem preußischen Kultusministerium. Zwei Monate später genehmigte ihm das Kriegsministerium die „anthropometrischen Untersuchungen an Kriegsgefangenen verschiedener Völkerstämme", wie wir gesehen hatten. Beim deutschen Bündnispartner in Wien ist bereits eine ähnliche Untersuchung angelaufen, wissenschaftlich geleitet von dem mit Luschan befreundeten Rudolf Pöch, der dank des Projektes schließlich eine ordentlicher Professor für Anthropologie in Wien erhalten wird.

Hermann Struck bleibt der privilegierte Ansprechpartner für das Kriegsministerium. Anfang 1916 gibt man ihm dort „Einblick in eine sehr interessante statistische Aufstellung der verschiedenen Völkerstämme in unseren Gefangenenlagern"; er darf seinem Lehrer die Liste weiterreichen. Eigentlich ist der 39-jährige Struck an die russische Front abkommandiert. 1918 wird er Referent für jüdische Angelegenheiten im litauischen Kaunas sein, wo er Gelegenheit hat, jene Skizzen anzufertigen, die 1920 in dem zusammen mit Arnold Zweig verfassten, zionistisch orientierten Buch *Das ostjüdische Antlitz* erscheinen werden. In den ersten Kriegsjahren ist Struck jedoch für die Lithographien und Radierungen freigestellt. Sogar die Oberste Heeresleitung nimmt Interesse an dem anthropologisch-ethnographischen Projekt über die Kriegsgefangenen. General Ludendorff „sprach sehr viel mit mir über die verschiedenen ethnographischen Probleme, die da aufgegeben werden und will auch Hindenburg von dem Werk erzählen", berichtet Struck Luschan. [101]

Während Otto Diehls großer Fotoband über *Unsere Feinde. Charakterköpfe aus deutschen Kriegsgefangenenlagern* ein aufwendig gestaltetes Buch ist, erscheint 1917 Luschans und Strucks Buch *Kriegsgefangene* eher als Broschüre, in bescheidenem Din-A-5-Format und auf schlechtem Kriegspapier gedruckt. Aber es spricht mit keinem Wort von Feinden. *Ein Beitrag zu Völkerkunde im Weltkriege. Einführung in die Grundzüge der*

Anthropologie lautet der Untertitel. Diese hundert Seiten Luschans sind konfus und weit ausholend. Sein zentrales anthropologisches Bekenntnis zur Monogenese der Menschheit findet sich irgendwo im Text versteckt, am Anfang allerdings äußert er sich gegen die „absolute Geringschätzung der farbigen Rassen". Er zitiert mal wieder einen seiner liebsten Aussprüche, dass es in Afrika „keine anderen Wilde gäbe als einige toll gewordenen Weiße" und verweist besonders auf die Kongogreuel der Belgier. Am Ende gesteht er dem Leser die zentrale Schwachstelle seiner Disziplin: „Wir sind vorläufig noch völlig unwissend darüber, unter welchen Umständen bei Mischungen zwischen sehr verschiedenen Rassen es in der Folge zu einem völligen Auseinanderspalten im Sinne von Mendel kommt oder vorübergehend Mischtypen entstehen. Diese Frage ist vielleicht die wichtigste, die überhaupt der modernen Anthropologie gestellt ist." Dass Eugen Fischer vor vier Jahren in seinem Buch über die *Rehobotherbastards* hier seine erbbiologische Antwort geliefert hat – alle Rassenmerkmale seien Erbmerkmale – verschweigt er erneut. Luschans Auseinandersetzung mit der aufkommenden Rassenbiologie ist mühsam, wie wir noch sehen werden.

Illustriert ist der langatmige, blasse Text des führenden deutschen Anthropologen, der doch eine „Einführung" in die „Grundzüge" seiner Disziplin geben will, mit sechzig „Typenbildern nach Originalaufnahmen", d.h. bearbeiteten Fotos. Diese stammen jedoch nicht von Kriegsgefangenen, sondern aus Luschans Fotosammlung. Diese Typenbilder, beginnend mit dem Foto eines Papua aus der Südsee mit dem exotisch anmutenden Nasenpflock, sind merkwürdig unästhetisch. Man fragt sich nach dem Sinn dieser auf hässlich getrimmten Fotos – auffällig viele grotesk abstehende Ohren sind zu sehen –, wenn sich der Autor doch gegen die „Geringschätzung der farbigen Rassen“ verwahrt. Immerhin haben die Fotos den Effekt, dass die sehr ästhetischen, überhaupt nicht despektierlichen Darstellungen Strucks um so besser zur Geltung kommen. Die ersten fünfundzwanzig Radierungen stellen Engländer, Schotten, Franzosen und Belgier dar, mit liebevoll gezeichneten Attributen versehen, z.B. der Schotte mit einer Marinemütze. Drei polnische Juden verraten mit ihren besonders schön gezeichneten Gesichtern die größte Anteilnahme des jüdischen Zeichners, der allerdings auch die klassischen Stereotypen bedient: Ein Franzose wird auf dem Zellenboden lagernd beim Essen gezeigt und ein Jude auf dem Zellenboden „den Talmud lesend“.

Zwanzig Zeichnungen stellen Inder dar, mehrere Sikhs mit minutiös gezeichneten Turbanen, mit Angabe des Berufes und des Regimentes („Ghurka Riflers“), zwanzig weitere stellen muslimische Nordafrikaner dar („Tirailleurs algériens“). Nur drei ‚typische‘ Afrikaner von den „Tirailleurs sénégalais“ finden sich unter den hundert Drucken. Denn Schwarzafrikaner gab es nur wenige in den Gefangenenlagern innerhalb Deutschlands, sondern eher in denen hinter der Front, da man bei ihrem Arbeitseinsatz außerhalb der Lager zu großes Aufsehen bei der deutschen Bevölkerung befürchtete. Der einzige ‚typische‘ Schwarzafrikaner in der Sammlung – dessen christliche

Religion extra vermerkt ist – wurde regelrecht umfrisiert. „Ihre Bemerkungen in Bezug auf den Negroiden-Typus waren durchaus zutreffend", räumt Struck ein angesichts des Vorwurfs seines Lehrers, er habe die Person tendenziell atypisch dargestellt, „und ich habe den Mann sofort umfrisiert. Er hat jetzt sehr schönes krauses Negerhaar bekommen, und ich glaube, dass er Ihnen gefallen wird. Außerdem habe ich dem einen Russen, den Sie vor längerer Zeit schon ausgeschaltet haben, den Schädel und das Ohr etwas vergrößert. Ich werde Ihnen diese neuen Drucke vorlegen und füge mich dann sehr gern Ihrem Dictum."[102] Strucks Lithographien sind ungewöhnlich ästhetisch, und es lässt sich die Entwicklung zum Künstler erkennen, die er später in Palästina einschlagen wird. Denn trotz der Unterstützung durch die väterliche Freundschaft Luschans, der ihn als Nachfolger auf seinem Lehrstuhl sehen möchte, kehrt Struck der Anthropologie und Deutschland den Rücken. Er wandert 1922 mit seiner Familie kurz nach der Ermordung des jüdischen Außenministers Rathenau nach Palästina aus. Der zunehmend radikale Antisemitismus der sich ausbreitenden völkischen Bewegung im Krieg und in der Weimarer Republik dürften ihn davon überzeugt haben, dass er – Außenseiter als Jude und Künstler – für eine Karriere im Museum oder an der Universität keine Chancen haben würde. Im gleichen Jahr, in dem das Buch *Kriegsgefangene* erschien, verfasste der von Hitler später sehr verehrte Artur Dinter in einem Kriegslazarett den antisemitischen Bestseller *Die Sünde wider das Blut*, der den Radikalantisemiten in der

NSDAP ihr Glaubensbekenntnis liefern wird und den Luschan zu Recht als „Schauerroman" bezeichnet.[103]

Was geschah mit dem anderen Schüler, mit dem Luschan in den Kriegsgefangenenlagern eng zusammenarbeitete? Egon Freiherr von Eickstedt (1892-1965), 1920 mit einer Arbeit über die in den Lagern untersuchten Inder promoviert, steigt zu einem bekannten „Rassenkundler" – so der nun eingedeutsche Begriff des Anthropologen – des „Dritten Reiches" auf und hat später in der Bundesrepublik einen Lehrstuhl inne. Wie alle Direktoren der großen anthropologischen Institute verfasste Eickstedt nach 1933 „Abstammungsgutachten" für die Reichsstelle für Sippenforschung bzw. das Reichssippenamt und für Gerichte bei den 1939 eingeführten „Abstammungsklagen". Dort konnten Deutsche, die seit den Nürnberger Gesetzen vom Herbst 1935 als „Jude" oder „Mischling 1. Grades" galten, auf Statusänderung klagen, indem sie die eheliche Geburt (von einem jüdischen Vater) bestritten zugunsten der unehelichen Herkunft von einem „deutschblütigen" Vater, so dass sie, als besser Klassifizierte, vor der Verfolgung eher geschützt wären. Mit ihren „Abstammungsgutachten", basierend auf erb- und rassenkundlichen Untersuchungen, entschieden die Anthropologen und Rassenhygieniker nach 1933 über individuelle Schicksale bis hin zur Deportation. Solche Gutachten boten im Prinzip die Möglichkeit, jeweils die bessere Klassifikation durchzusetzen, eine Möglichkeit des Widerstandes gegen den antisemitischen Rassenwahn, die jedoch nicht genutzt wurde.[104] Die meisten Anthropologen des „Dritten Reiches" hatten sich der Verherrlichung der „nordischen Rasse“ und der Unterstützung des staatlichen Antisemitismus verschrieben.

Die „Abstammungsgutachten“ der Rassenkundler nach 1933 zeigen beispielhaft, wie weit sich die anthropologische Disziplin von ihren großen allgemeinen Fragen nach der Entstehung und Verbreitung des Menschen in Zeit und Raum entfernt hat, die die Generation Luschans noch umgetrieben hatten. Indem sich die anthropologische Disziplin durch die pseudowissenschaftlichen Vorgaben des NS-Regime aufgewertet sah und von konkretem Nutzen wurde, öffnete sich ihr ein willkommener Ausweg aus der Sackgasse, in die sie geraten war, da sie immer mehr Material und Datenserien produzierte, deren Auswertung kaum möglich noch sinngebend war.

Kolonialist und Eugeniker, aber Gegner des Antisemitismus und der nordischen Rassenlehre

Seit 1884 besaß das Deutsche Reich Kolonien in Afrika und später auch in der Südsee. Wieso Reichskanzler Bismarck, der nie für formalen Kolonialbesitz eingetreten war, überraschend den Erwerb deutscher Kolonien unterstützte, ist in der Forschung immer wieder diskutiert worden. Von den politischen Parteien vertraten anfänglich nur die Sozialdemokraten eine deutlich ablehnende Haltung gegen jede Form von Kolonialpolitik, eine Haltung, die jedoch nach der Jahrhundertwende ständig nachließ. Die Idee einer paternalistischen Erziehung der „rückständigen Eingeborenen" setzte sich auch in der SPD immer mehr durch. 1906 äußerte August Bebel im Reichstag, Kolonialpolitik sei „an und für sich kein Verbrechen", ja Kolonialpolitik zu treiben, könne „unter Umständen eine Kulturtat sein; es kommt nur darauf an, wie die Kolonialpolitik getrieben wird".[105] Ethnologen und Anthropologen wie Bastian oder Luschan betrachteten die Kolonien unter einem pragmatischen Aspekt: als Lieferanten von Objekten, die Museen und die Wissenschaften zu ihrem Studium benötigten. Kolonialkritik war gerade bei einer solchen Einstellung nicht zu erwarten.

Luschan und der mit ihm befreundete Karl Kautsky, ein führender Theoretiker des Sozialismus, haben sicher öfter über Kolonialpolitik diskutiert. Auch wenn Luschan mit ihm „vielfach nicht übereinstimme", schreibt 1907 Kautsky, „so hoffe ich doch, dass wir uns in der guten Absicht begegnen, zur Schonung und Erhaltung der Eingeborenen aus wissenschaftlichem und menschlichem Interesse möglichst beizutragen".[106] Diese Worte beziehen sich indirekt auf die Eingeborenenpolitik des Kolonialstaatssekretärs Bernhard Dernburg, der seit September 1906 das neu gegründete Reichskolonialamt leitete und der nach der Niederschlagung der Aufstände in „Deutschsüdwest" eine humanere Politik gegenüber den Indigenen befürwortete, vor allem weil sie als Arbeitskräfte ein wesentliches wirtschaftliches Kapital der Kolonien darstellten.

Aufgrund der Freundschaft mit Kautsky gilt der Anthropologe als Kenner der Interna der Sozialdemokratie, so dass ein Journalist ihn aushorchen möchte. „Warum verkehren Sie nicht mit den Kautskys?", antwortet Luschan. „Die würden sich sicher darüber freuen." Gerade bei seinen Vorträgen für die Arbeiter-Wohlfahrt macht er die Zuhörerschaft auf die Schriften von Alfred Grotjahn, Clara Zetkin und Rosa Luxemburg aufmerksam. Überhaupt steht er der Frauenbewegung wohlwollend gegenüber, und er scheut sich nicht, eine Veranstaltung der Suffragetten zu besuchen und darüber eine positive Rezension zu verfassen.[107] Politisch ist Luschan im linksliberalen Bürgertum zu verorten. Er las die Vossische Zeitung, die die Meinung der Freisinnigen Volkspartei vertrat, der auch Kolonialstaatssekretär Dernburg angehörte. Theodor Fontane schrieb Theaterkritiken für die Vossische, 1924 arbeitete für sie Kurt Tucholsky als

Korrespondent in Paris. In der Weimarer Republik, deren Anfänge Luschan miterlebte, stand diese Zeitung für die demokratischen und liberalen Kräfte.

Im ersten Jahrzehnt seiner Tätigkeit am Völkerkundemuseum, durch die Ausgrabungen in Sendschirli häufig unterbrochen, trat Luschan weder durch Publikationen zur Bevölkerung der Kolonien noch durch besondere koloniale Aktivitäten in Erscheinung. Das ändert sich, als er im Mai 1896 gebeten wird, für die bevorstehende Gewerbe-Ausstellung in Treptow, bei der erstmals eine Kolonialausstellung vorgesehen war, seine „Kraft der Kolonialsektion zu widmen" und insbesondere der „Vortrags-Kommission" anzugehören, die für viele abendliche Vorträge zur „Instruktion" des Publikums sorgen wird. Luschan hält u.a. einen Vortrag über „künstliche Verunstaltungen des menschlichen Körpers". Bereits diese Wortwahl verrät, dass er fremde kulturelle Traditionen nicht wertfrei sieht. Für die Eröffnungsfeier ersucht der bekannte Gelehrte um eine kostenlose „Ehrenkarte" auch für seine Frau, was abgelehnt wird. Bei offiziellen Anlässen die Gattin mit einzuladen, war damals noch nicht üblich. Mit der Kolonialausstellung in Treptow, die mehr als zwei Millionen Besucher zählen wird, verfolgten Wirtschaftskreise die schon länger gehegte Idee, ein Kolonialmuseum zu gründen, das dem Völkerkundemuseum Konkurrenz gemacht und ihm viele seiner Sammlungen entzogen hätte.[108] Insofern verwundert es, dass ein Direktorialassistent des Völkerkundemuseums bei dieser Konkurrenzveranstaltung so in den Vordergrund treten mag. Sicher hat sein anthropologischer Eifer ihn motiviert, und er hat einen Deal ausgehandelt: Ich halte Vorträge, darf aber dafür die in Treptow ausgestellten Indigenen vermessen.

1897 erscheint als Sonderausgabe aus dem *Amtlichen Bericht über die erste deutsche Kolonialausstellung* eine Veröffentlichung Luschans mit dem Titel *Beiträge zur Völkerkunde der deutschen Schutzgebiete.* Das Buch enthält die Fotografien der meisten in Treptow zur Schau gestellten „Eingeborenen", mit ihren – oft christlichen – Namen versehen. Solche menschenverachtenden „Völkerschauen", meist in den Zoologischen Gärten dargeboten, waren damals bei allen Kolonialmächten üblich und befriedigten die Sehnsucht des breiten Publikums nach Exotik. Führend in diesem lukrativen Geschäft war der Hamburger Unternehmer Karl Hagenbeck. Wie fast alle seiner Zeitgenossen zeigte Luschan kein Bewusstsein für die Inhumanität dieser „Völkerschauen", die sich allerdings wesentlich von der Praxis der Jahrmärkte unterschieden, wo Menschen mit auffälligen körperlichen Deformationen zur Volksbelustigung auftraten. Die kolonialen „Völkerschauen" dagegen galten als Volksbildung. Die Organisatoren mussten ein Zertifikat aufweisen, das die Wissenschaftlichkeit ihr Show beglaubigte.[109]

Obwohl das Buch von 1897 verspricht, zur „Völkerkunde der deutschen Schutzgebiete" beizutragen, tritt Luschan vor allem in seiner Lieblingsrolle des anthropologischen Lehrers auf. Er nutzt die Gelegenheit, sich über die komplizierte Methode der Messungen auszulassen, zu deren Erlernen es „einiger Monate bedarf". Die benutzten Instrumente seien die von den französischen Anthropologen Broca und Topinard empfohlenen, meint er, informieren zu müssen. Dann folgt eine verwirrende Liste der Maßeinheiten, wobei Nase und Haare besonders viele Unterteilungen haben. Und da hört dann die vorgebliche Objektivität des Gelehrten auf und geht in eine sich immer mehr steigernde Klage über. „Die Anzahl der Menschen, die sich völlig nackt vor uns hinstellen", lamentiert der ehemalige Arzt, „und sich eine halbe oder eine ganze Stunde lang von uns betasten lassen, abgreifen, anpinseln und abzirkeln lassen, ist eine verschwindende." Die meisten „Eingeborenen" akzeptieren Messungen nur, wenn sie wenigstens teilweise bekleidet „und sich nicht vor uns und vor ihren Landsleuten ganz zu entblößen brauchen". Dass das Schamgefühl alle Menschen betrifft, egal welcher „Rasse" oder „Klasse" sie angehören, scheint dem Anthropologen völlig zu entgehen. Immerhin werden knapp zweihundert Personen vermessen und damit fast die Totalität der ausgestellten „Exoten". Diese Arbeit nimmt Luschan natürlich nicht allein vor, sondern mit Hilfe von Assistenten.

Nach dieser Klage folgen Bemerkungen, die jeder Beschreibung spotten. Einzelne Personen werden in ihrem Charakter bewertet. Die Palette reicht von „höflich, sicher sehr anständig und zuverlässig" und „bescheiden, gutwillig" über „beschränkt, höflich, gutmütig" bis „beschränkt, frech, ungezogen" und „beschränkt, ängstlich, übellaunig und ungezogen" und schließlich „unbescheiden, unhöflich, aber anscheinend recht intelligent" sowie „sehr intelligent, aber von ausgesuchter Frechheit". Mit ähnlicher Wortwahl pflegte das Bürgertum jener Zeit auch seine Dienstboten und die Arbeiter zu beurteilen.

Eine regelrechte Hasstirade gilt einem „richtigen Hosen-Nigger; seine psychischen Eigenschaften entsprechen völlig dem Bilde, das man sich nach seiner schlechten Stirne und seinen mächtig entwickelten Fresswerkzeugen von ihm machen kann". Das negative Stereotyp des „Hosenniggers", das man in allen Afrika-Reiseberichten jener Zeit findet, meint jene Afrikaner der westafrikanischen Küstenregionen, die sich gerade in ihrer Kleidung europäisiert haben. Das Stereotyp, das aus Amerika stammt, macht das männliche Beinkleid zum Signum der „weißen Herrenrasse" und verrät, dass die Angehörigen der untergeordneten „schwarzen Rasse" keine Angleichung an die äußere Erscheinung der „Weißen" vollziehen dürfen, weil sie damit die ihnen zugewiesene untergebene Position verlassen und Gleichheit reklamieren. Der Antipode des verhassten „Hosennigers" ist der im wesentlichen unbekleidete „schöne Massai": „Eine ganz überaus erfreuliche und schöne Gesellschaft", begeistert sich Luschan und „was den wissenschaftlichen Wert angeht, zweifellos der Glanzpunkt der ganzen Ausstellung."

Das Kriterium, nach dem der Gelehrte seine aggressiven, für einen amtlichen Bericht höchst erstaunlichen emotionalen Bewertungen vornimmt, enthüllt sich in folgenden Worten: „eigensinnig und beschränkt; lässt sich nicht messen, ist aber sonst einer der wenigen unter den anwesenden Kamerun-Negern mit einem halbwegs geziemenden Benehmen“ sowie „verweigert die Messung; dummdreister Bursche, richtiger Hosen-Nigger“. Schließlich wird ein Mann geschildert, der „ängstlich, verschlossen, misstrauisch ist und nur durch eine große Geldsumme überhaupt zu bewegen, sich photographieren zu lassen. Gipsabgüsse seiner schönen Narben und Messungen waren nicht zu erlangen.“ Die „Höflichen und Bescheidenen“ sind also diejenigen, die umstandslos alle als wissenschaftlich angesehenenProzeduren über sich ergehen lassen.[110]

Jedoch nicht nur einzelne Personen verwehren sich in Treptow gegen den Zugriff der Anthropologen. Die Suaheli aus „Deutsch-Ostafrika“ leisten kollektiven Widerstand. „Zu unserem Bedauern hat Ihres Assistenten Tätigkeit unter den Suaheli große Aufregung verursacht“, schreibt die Leitung der Kolonialausstellung an Luschan, „indem die Leute unter dem Eindruck der beiden Todesfälle die Messungen und Abformungen für schädlich und unglückbringend ansehen.“ Die erwähnten Todesfälle hatten sicher nicht ihre Ursache in den Messungen, sondern der gleichzeitige Tod zweier Menschen wurde von den Suaheli in einen magischen Zusammenhang damit gebracht. Der Assistent gehe nicht mit der „gebotenen Schonung“ vor, heißt es weiter in dem Brief, und die Suaheli haben sich heute „in sehr erregter Weise“ beklagt. Deshalb informiere man Luschan, „dass wir den Suahelis auf ihren Wunsch erklärt haben, dass sie in keiner Weise gezwungen werden könnten an sich Messungen etc. zu dulden, wenn sie dies nicht wünschten“. Ein Vertreter der

Kolonialausstellung werde in Zukunft bei den Messungen anwesend sein, „um das Interesse der Leute zu wahren". Das Schreiben schließt mit der Bitte, „möglichst Rücksicht auf die augenblicklich sehr erregten und misstrauisch gemachten Suaheli zu nehmen und auch bei allen anderen Eingeborenen in möglichst weitgehendster Weise Vorsicht walten zu lassen. Es würde uns außerordentlich unangenehm sein, wenn die Anwesenheit der Eingeborenen nicht in weitgehendster Weise für die Wissenschaft ausgenützt werden könnte, was zweifelsohne der Fall sein würde, wenn die Eingeborenen durch die Art und Weise der Beobachtung beunruhigt, sich auflehnten."[111]

Dass die Leitung der Kolonialausstellung sich genötigt sieht, die Suaheli vor den Anthropologen zu schützen, belegt deren rabiates Vorgehen, wie es ja allein Luschans Unverständnis gegenüber dem Schamgefühl zeigt. Aber die Leitung interessiert sich für das Wohlergehen der „Eingeborenen" weniger aus humanen Gründen als aus Sorge, dass eine offene Rebellion den Erfolg dieser „Völkerschau" gefährden und dem wichtigen Label „wissenschaftlich" nicht mehr entsprechen würde. Erleichtert vermerkt man nach Ende dieser mit so großem Aufwand betriebenen ersten und einzigen deutschen Kolonialausstellung, dass „ein unliebsamer Vorfall sich nicht ereignet" habe.

Nach der Publikation seiner emotional aufgeladenen, aggressiven Treptower Äußerungen tritt Luschan wieder als der gelassen-sachliche Gelehrte in die Öffentlichkeit, als den man ihn kennt. 1902 tagt erstmals ein deutscher Kolonialkongress, und Luschan ist eingeladen, über die „Ziele und Wege der deutschen Völkerkunde in den deutschen Schutzgebieten" zu sprechen. Da formuliert er einen fast philosophisch zu nennenden Universalanspruch der untrennbar miteinander verbundenen Anthropologie und Völkerkunde, nämlich die „ganze Menschheit von dem ersten Auftreten menschlicher und menschenähnlicher Wesen bis auf den heutigen Tag" zu erforschen und „wie, wo und wann die späteren und die heute noch lebenden Rassen und Völker entstanden sind" und „welche Schlüsse aus der Vergangenheit des menschlichen Geschlechts auf seine Zukunft gezogen werden können". Ein paar vom Thema völlig abschweifende Sätze, großteils verborgen in einer langen Anmerkung, verraten bereits seine Affinität zur gerade einsetzenden Eugenikbewegung bzw. zu einer „wissenschaftlichen Sozialhygiene".

Im übrigen betont er wie so oft, „dass die Lehre von der absoluten Einheit des Menschengeschlechtes zu den wichtigsten Errungenschaften der Anthropologie" zählt. Es sei diese Überzeugung von der Monogenese und Verwandtschaft der Menschheit, die es unmöglich mache, „Kriterien zu finden, die Kulturvölker und ‚Wilde' unterscheidet. Je besser wir jetzt diese ‚Wilden' und ‚Naturvölker' kennenlernen, um so mehr sehen wir ein, dass es nirgends eine Grenze gibt, die sie scharf und sicher von den ‚Kulturvölkern' scheidet." Dann kommt er auf ein Thema zu sprechen, das er 1918 in einem umfangreichen Artikel[112] behandelt und als sein „Glaubensbekenntnis" bezeichnet: das Phänomen der Konvergenz, d.h. dass es Ähnlichkeiten zwischen „Rassen", Völkern und Kulturen gebe, die nicht auf gemeinsamen Ursprung zurückzuführen seien. Als Beispiel nennt er: Nicht alle kleinwüchsigen Völker sind verwandt. Hier erweist sich der Anthropologe deutlich als Lamarckist, der körperliche Erscheinungen und Veränderungen auf Umwelteinflüsse zurückführt. Zur Frage der Konvergenz von Kulturen äußert er sich 1902 allerdings noch nicht, aber sein „Glaubensbekenntnis" von 1918 zeigt, dass er den Diffusionismus eines Friedrich Ratzel und die Kulturkreislehre eines Leo Frobenius ablehnt, d.h. Ähnlichkeiten zwischen geographisch voneinander entfernten Kulturen nicht zwingend auf einen einzigen Ursprung zurückführt, obwohl er Migration nicht ausschließt. Am Ende dieses gleichzeitig konfusen wie sehr allgemein gehaltenen, anthropologielastigen Vortrages von 1902 bekennt er fast kleinlaut, dass die Völkerkunde keinen materiellen Nutzen für die „Schutzgebiete" habe, sondern nur einen „inneren Wert".[113]

Allerdings hat er drei Jahre zuvor auf dem internationalen Geographenkongress eine wichtige politische Rolle der Ethnologie angemahnt und wiederholt dies 1906: „dass der Völkerkunde wenigstens bei der Ausbildung von Kolonialbeamten die führende Stellung eingeräumt wird, die ihr von Rechts- und Vernunftswegen gebührt. Das ist eine Forderung nicht nur der Wissenschaft, sondern auch eine Forderung der Moral und des nationalen Wohlstandes." Denn „in einigen Jahrhunderten wird Afrika wieder den Afrikanern gehören", falls nicht „die Freiheitsbewegung in Bahnen gelenkt wird, die unseren eigenen Interessen weniger feindselig sind".[114] Diese hellsichtigen Überlegungen zum Ende des Kolonialismus – allerdings für eine sehr ferne Zukunft prophezeit – sind umso interessanter, als sie zu einem Zeitpunkt geäußert werden, als das Deutsche Reich einen brutalen Kolonialkrieg in Deutsch-Südwestafrika führt, wobei Luschan für eine gerechtere Beurteilung der Aufständischen eintritt. Übrigens hält der Gelehrte seit 1897 spezielle Vorlesungen zur Vorbereitung von Kolonialbeamten ab.

Auf dem zweiten Kolonialkongress von 1910 äußert sich Luschan erneut, er spricht über „Fremde Kultureinflüsse auf Afrika". Er vermutet Beziehungen zwischen Nordafrika und Westeuropa bereits vor der Steinzeit, betont aber, dass es „sicher jahrzehntelanger Arbeit bedarf, um auch nur die wichtigsten Wurzeln" der „vielseitigen und komplizierten" Kultur der Afrikaner „einigermaßen frei zu legen". Hier zeigt er sich wieder als vorsichtiger Wissenschaftler, der Nichtwissen und Forschungslücken eingesteht und vor voreiligen Schlüssen warnt. „Inzwischen" – damit meint er das jahrzehntelange Warten auf valable Forschungsergebnisse – „müssen wir uns damit abfinden, dass die Kultur der Afrikaner natürlich eine andere ist als die unsere, dass sie aber deshalb nicht notwendigerweise schlecht und verächtlich sein muss." Und wieder stellt er denen, die von den Afrikanern als „Wilden" sprechen ein „klägliches Armutszeugnis" aus und sieht ganz optimistisch die Zahl derer, die von der „ungeheuren Minderwertigkeit des Afrikaners" sprechen, „von Jahr zu Jahr geringer werden". Er endet mit dem Plädoyer, „unsere farbigen Untertanen in den Schutzgebieten auf Basis gegenseitiger Achtung“ zu behandeln. An diese „warmen, ja herzlichen Worte“ knüpft der danach redende Missionar an, nach dessen Vortrag wiederum Luschan ergänzt, „dass ich die Interessen der Mission und die der Völkerkunde für durchaus solidarisch halte“.[115] Dass der Anthropologe nicht Atheist war wie manche Naturwissenschaftler seiner Zeit, sondern sich dem Christentum verbunden fühlte, zeigt seine ehrenamtliche Tätigkeit für die Kirche in Kärnten.

Als besonders engagiert für die deutsche Kolonialpolitik kann man Luschan nicht bezeichnen. Nur einmal äußert er sich in der Kolonialen Rundschau, dem Verbandsorgan der Deutschen Kolonialgesellschaft, zu deren Mitgliedern er offenbar nicht zählte. Er schildert dort 1911 den gerade beendeten internationalen, antirassistischen First Universal Race Congress in London, wobei er seine eigene viel beachtete Rede kaum erwähnt. Stattdessen kommentiert er ausführlich die Sektion „interbreeding“.

Die Beurteilung kolonialer „Rassenmischung“ erhitzte zu dieser Zeit die Gemüter und nicht zuletzt die aufstrebende Zunft der deutschen Kolonialjuristen. Sie debattierte heftig über eine Frage, die übrigens die anderen Kolonialmächte nicht bewegte, ob „Rassenmischung“ in ihrer legalen Form, d.h. der Ehe, zu verbieten sei. 1906, auf dem Höhepunkt des brutalen Kolonialkrieges in „Deutschsüdwest“ hatte der dortige Gouverneur Friedrich von Lindequist den Bezirksamtmännern den

Eintrag von „Rassenmischehen" untersagt und sie damit für ungültig erklärt. Gleichzeitig urteilte das Obergericht in Windhuk, dass jeder, „dessen Stammbaum auf väterlicher oder mütterlicher Seite auf einen Eingeboren zurückgeführt werden kann, selbst als Eingeborener betrachtet und behandelt werden muss". Die Unklarheit, wer nun als „Weißer" und wer als „Eingeborener" galt, erregte Unruhe bei den Siedlern in „Deutschsüdwest". 1912 griff in Berlin der Kolonialstaatsekretär Wilhelm Solf den Vorstoß der kolonialen Peripherie zur Etablierung eines Rassenrechts auf und verfügte ein „Rassenmischehen"-Verbot für „Deutsch-Samoa". Im Reichstag hatte sich bereits Protest erhoben gegen die Attacke auf das Bürgerliche Gesetzbuch, das ja die freie Wahl des Ehepartners bestimmte. Die SPD, seit 1907 stärkste Fraktion im Reichstag, verteidigte in einem überraschenden Bündnis mit der katholischen Zentrumspartei die christliche Ehe, denn alle Ehen „weißer Männer" in den deutschen Kolonien wurden mit christlichen indigenen Frauen geschlossen. Im Mai 1912 verabschiedete der Reichstag mit großer Mehrheit eine Resolution für ein Reichsgesetz, das die Gültigkeit kolonialer „Rassenmischehen" sicher stellen wollte. Dieser außergewöhnliche parlamentarische, antirassistische Vorstoß blieb allerdings ohne Folgen, da schon zwei Jahre später der Erste Weltkrieg das Ende der deutschen Kolonialära bedeutete.[116]

Die Debatte über die Bewertung kolonialer „Rassenmischung", „Rassenmischehen" sowie „Rassenmischlingen" ist also in vollem Gange, als Luschan 1911 in der Kolonialen Rundschau sich dazu äußert, während er auf dem Kolonialkongress selbst dazu geschwiegen hatte. Die Frage, ob „Mischlinge minderwertig“ seien, beschäftige alle Kolonialmächte, schreibt er 1911, aber er sehe „keinen Grund zu dieser Annahme“, zumal es an „statistischem Material fehlt“. Damit zieht Luschan sich wie so oft auf die Position des abwartenden, objektiven Wissenschaftlers zurück. Gleichzeitig versteckt er seine persönliche Meinung in ironischen Worten, indem er den Vortrag des Humanisten Gustav Spiller beim Rassenkongress in London über „interbreeding“ kommentiert. Der sei von „rührender Herzensgüte, so dass man sich fragt, ob die ‚Wilden‘ die besseren Menschen sind und ob wir degenerierte Weißen nicht gut daran täten, unsere Kinder mit Weißen zu verheiraten“[117].

Der ironische Kommentar des führenden deutschen Anthropologen kaschiert eine klare Stellungnahme zur kolonialen „Rassenmischehe“, während doch diese Debatte gerade auf dem Kolonialkongress von 1910 hohe Wellen geschlagen hatte. Der Jurist Max Fleischmann forderte dort ein Reichsgesetz zu ihrem Verbot, worauf der Reichstag 1912 mit seinem Gesetzesentwurf für die Gültigkeit spiegelbildlich antwortete. Fleischmann, der nach 1935 als „Volljude“ eingestuft war und 1943 seiner drohenden Deportation durch Suizid zuvor kam, war selbst getaufter Jude und mit einer Katholikin verheiratet. Das deutsche Judentum, bereits im Hinblick auf die zunehmende Zahl christlich-jüdischer Mischehen gespalten, schien dies auch bei der kolonialen „Rassenmischehe“ zu sein.

Das „statistische Material“, das Luschan noch 1911 zur Einschätzung von „Mischlingen“ und „Rassenmischung“ fehlte, wurde zwei Jahre später von seinem Schüler Eugen Fischer geliefert. 1913 erschien dessen breit rezipiertes Buch über *Das Bastardisierungsproblem beim Menschen*. Fischer hatte 1908 in „Deutschsüdwest“ die streng christliche und endogame Gemeinde von Rehoboth untersucht, die sich selbst als „Nation der Bastards“ bezeichnete, stolz auf ihre Herkunft von holländischen Buren und Khoisan - („Hottentotten“) Frauen. Fischers Novum war es, anthropologische Beobachtung und Messung mit genealogischer Information aus Kirchenbüchern zu verknüpfen. Alle Rassenmerkmale sind Erbmerkmale, lautete Fischers Quintessenz 1913, womit er erstmals Anthropologie und Erbbiologie verband. Insbesondere die Augen- und Haarfarbe der „Bastards“ von Rehoboth vererbten sich laut Fischer nach genau den Regeln des dominant-rezessiven Erbgangs, die der Mönch Mendel schon 1864 in seinem Klostergarten beobachtete, als er dunkelrot- und weißblühende Erbsenpflanzen miteinander kreuzte. Durch Fischer wurde die (rassenbiologische) Unterscheidung von Genotypus und Phänotypus eingeführt. „Diejenige Rasse scheint – phänotypisch! – sich bei der Kreuzung zu vererben, die viele Merkmale besitzt, die an sich als solche dominant sind.“[118] Eugen Fischer, der nach dem Ersten Weltkrieg zu einem der führenden Eugeniker aufsteigen wird, hat allerdings selbst im „Dritten Reich“ mit seiner Rassenbiologie keine Schule gemacht, ein indirektes Eingeständnis der Sinnlosigkeit dieser Pseudowissenschaft.

Das international rezipierte Buch Fischers über die „menschliche Rassenkreuzung" übergeht Luschan mit Stillschweigen und bricht bald jeden Kontakt zu seinem ehemaligen Schüler ab. Er hatte offenbar gehofft, zum Phänomen der rassischen „Entmischung", das er bei seinen anthropologischen Studien in Kleinasien immer wieder beobachtete, selbst einmal hervorzutreten. Gerade während seines Amerikaaufenthaltes 1914/1915 sammelt er Material zu „Negermischlingen", das nach seinem Tod Emma Luschan dem amerikanischen Forscher Melville Herskovitz überlassen wird, einem Boas-Schüler und nach 1945 engagierter Menschenrechtler.

Bevor Luschans Hinwendung zur Eugenik dargestellt wird, sind ein paar einleitende Worte nötig. Die wissenschaftlichen Voraussetzungen der Eugenikbewegung, die sich zu Beginn des 20. Jahrhunderts in Deutschland formierte, lieferte die 1885 veröffentlichte „Keimplasma"-Theorie des Freiburger Zoologen August Weismann zusammen mit der Wiederentdeckung der Mendelschen Erbregeln. Weismanns Paradigma begründete die Egalität der Geschlechter beim (menschlichen) Zeugungsvorgang, d.h. die Entdeckung, dass Samenzelle und Eizelle gleichermaßen zur Bildung der Keimzelle beitragen, in deren „Keimplasma" die vererbbaren Eigenschaften gespeichert sind.[119] Auf Mendel und Weismann baute der sog. Neodarwinismus auf, der die deutsche Eugenikbewegung dominierte. Von den zwei Darwinschen Selektionsmechanismen – der „natural" sowie der „sexual selection" – setzten die Neodarwinisten auf Beeinflussung der „sexuellen Zuchtwahl". Sie argumentierten, dass das in der Natur gültige Prinzip der „natürlichen Auslese" zugunsten der am besten an die Umwelt angepassten Artvarianten bei fortschreitender Zivilisation des Menschen seine Wirksamkeit eingebüßt habe. Der Mechanismus des „survival of the fittest" sei geradezu in sein Gegenteil, in eine „Gegenauslese", verkehrt worden, da der moderne Kulturstaat mit seinen sozialen Einrichtungen das Überleben von „minderwertigen Erbstämmen" begünstige. Die moderne Gesellschaft „entarte" deshalb, so die klassenbewusste Diagnose vieler Eugeniker, weil die Unterschichten mehr Kinder bekommen und dank des Wohlfahrtstaates groß ziehen als die (städtischen) Oberschichten, die infolge freiwilliger Geburtenbeschränkung in diesem „Geburtenkampf" der Klassen unterliegen.

Wilhelm Schallmayer, Eugeniker der ersten Stunde, forderte 1903 in seiner preisgekrönten Schrift *Vererbung und Auslese im Lebenslauf der Völker* eine „Nationalbiologie", wobei dem Staat die Rolle zufalle, die „sexuelle Zuchtwahl" seiner Bürger zu optimieren, um gewissermaßen den besten Keimzellen zum Sieg zu verhelfen. Die neuen Erkenntnisse bzw. Deutungen zum Vorgang der Vererbung, die sich zu Beginn des 20. Jahrhunderts verbreiteten, nährten die eugenische Utopie von der Schaffung einer gesunden Nation, wenn nicht gar Menschheit. „Wenn es auch nur gelänge, einigen tausend tüchtigen Familienstämmen zum dauernden Blühen zu verhelfen", verkündete 1910 Max Gruber, Professor für

Hygiene in München, seine allmächtigen Zukunftsphantasien bei einem Vortrag, „dann würden sie in wenigen Jahrhunderten die ganze bewohnbare Erde überwuchern; in friedlicher Eroberung, denn die Minderwertigen und Schwachen, die Feigen und Trägen und die Unsozialen unter sich allein gekreuzt würden von selbst vor jenen das Feld räumen."[120]

Max Gruber, Mitglied des 1890 gegründeten völkischen Alldeutschen Verbandes und der liberale Felix Luschan, wurden beide Mitglieder der Deutschen Gesellschaft für Rassenhygiene, die Gelehrte verschiedenster wissenschaftlicher und politischer Richtungen versammelte. Diesen Verein gründete 1905 in Berlin der Mediziner Alfred Ploetz, der – sechs Jahre jünger als Luschan – dessen anthropologische Vorlesungen besuchte und an den sonntäglichen Teegesellschaften im Hause Luschan teilnahm. Bei dieser ersten eugenischen Vereinigung – ähnliche entstanden zeitgleich in Amerika, England und Schweden – handelte es sich zunächst um eine Gruppe von einunddreißig Mitgliedern, die keine verbindliche Auffassung davon hatten, was unter „Rassenhygiene" zu verstehen sei. Der psychologisch orientierte Ethnologe Richard Thurnwald, der sozialkritische Schriftsteller Gerhard Hauptmann und der führende Darwinist und Pantheist Ernst Häckel gehörten dem Verein an ebenso wie der Pazifist Wilhelm Schallmayer und der antisemitische Jurist Alfred Nordenholz sowie Ignaz Kaup, Verfechter einer Sozialhygiene und Volkshygiene, die noch auf Verbesserung der gesellschaftlichen Bedingungen setzte und nicht allein auf die genetische „Aufartung". Zu dieser Zeit hatten die Neodarwinisten die Lamarckisten, die überzeugt von der Vererbung auch erworbener Eigenschaften waren, noch nicht völlig verdrängt. Luschan gehörte der sozialhygienischen Richtung an, und seinen Studenten empfahl er, die Werke des sozialdemokratischen Alfred Grotjahn sowie des österreichischen Sozialmediziners Ignaz Kaup zu lesen, die 1912 zusammen das *Handwörterbuch der Sozialen Hygiene* herausgaben.

Mit dem Archiv für Rassen- und Gesellschaftsbiologie, das auch noch in der Zeit des Nationalsozialismus erscheint, verfügte der eugenische Verein über ein einflussreiches Publikationsorgan, in dem Luschan allerdings nur einmal das Wort ergriff, als seine Theorie zur Assimilation der Juden angegriffen wurde. Fünf Jahre nach ihrer Gründung ist die Mitgliederzahl der eugenischen Gesellschaft auf fünfhundert Personen angewachsen, eine Ortsgruppe in München sowie in Freiburg ist entstanden, in der Eugen Fischer sehr aktiv ist. Luschan geht bald auf Distanz zur Deutschen Gesellschaft für Rassenhygiene. Eine Ursache dafür dürfte für den überzeugten Gegner des Antisemitismus die zunehmend antisemitische Ausrichtung sein, wie sie beispielsweise Nordenholz und Ludwig Plate, Herausgeber des Archivs, zeigten. Irritiert musste Luschan auch von dem neuen Rassenbegriff sein, mit dem seit 1911 Ploetz die rassenhygienischen Bestrebungen unterfütterte und der mit dem Grundbegriff der „Systemrasse" der physischen Anthropologie nicht vereinbar war. „Als Namen für diesen Kreis das Leben erhaltender und fortzeugender

Individuen wollen wir das Wort Rasse wählen", postulierte Ploetz, „und zwar Rasse im biologischen Sinne oder Vitalrasse im Gegensatz zur Systemrasse oder Varietät, die lediglich einen engeren morphologischen Formenkreis innerhalb einer systematischen Spezies bezeichnet."[121] Seitdem unterlag der rassentheoretische Diskurs der Ambiguität des Rassenbegriffs, eine Verwirrung, die sich nach 1933 zuspitzen wird, bis dann bald die „nordische Rassenlehre" zusammen mit dem Antisemitismus zur dominanten Ideologie der NS-Zeit werden wird.

Stillschweigend überging Ploetz zunächst die Frage, ob seine „Vitalrasse" sich etwa aus mehreren „Systemrassen" zusammensetze und ob wiederum eine unter ihnen, nämlich die „nordische", die besten bzw. gesündesten „Erbstämme" aufweise und deshalb von der Rassenhygiene zu favorisieren sei. Während viele Eugeniker bereits gegen Ende des Kaiserreichs das Heil der Zukunft in der „nordischen Rasse" sahen, sprachen sich insbesondere Schallmayer und Luschan immer wieder dagegen aus, eine einzige, nämlich die „nordische", innerhalb des „rassengemischten" deutschen Volkes gespeicherten „Rassen" zu bevorzugen. Die Bezeichnung „Rassenhygiene" wurde allmählich zum Synonym für die nordizistische Ausrichtung der Eugenik. Schon früh sah Schallmayer die „nationale Gefahr", die in einer „Begünstigung der nordischen Rasse vor anderen Rassenelementen des deutschen Volkes" liege und konstatierte die „merkwürdig starke Verbreitung" eines solchen „Werturteils". Denn „jene nordischen Rassenpolitiker nehmen allzuwenig Rücksicht darauf", kritisierte der Eugeniker der ersten Stunde, „dass es natürlich auch in der reinsten ‚nordischen' Rasse – in Wirklichkeit gab und gibt es schlechterdings keine ‚reine' menschliche Rasse und kann es nie eine geben – stets Individuen mit mehr oder minder tüchtigen Erbanlagen gegeben haben muss."[122] Der sog. „Werturteilsstreit" in der deutschen Soziologie, in dem sich Max Weber und Alfred Ploetz gegenüber standen, hat seinen Ursprung auch im „Werturteil" der nordischen Rassenlehre, das nach dem Ersten Weltkrieg immer tiefer in das deutsche Bildungsbürgertum eindrang.

Luschan geht immer mehr auf Distanz zum Archiv für Rassen- und Gesellschaftsbiologie, der einzigen Zeitschrift der heterogenen Eugenikbewegung. 1910 verweist er in seiner Vorlesung zur „Socialanthropologie" die Studenten auf das *Archiv* mit folgenden Worten: „Freilich sind manche der da niedergelegten Arbeiten und Ansichten nur mit Vorsicht zu genießen und mit strengster Kritik zu prüfen – besonders wegen der Einseitigkeit, mit der manche Mitarbeiter bei dem Begriffe der Rassenhygiene die Rasse in den Vordergrund und die Hygiene in den Hintergrund treten lassen." Aber dann bezieht er doch deutlich Position und gibt sich als Sozialhygieniker und Gegner der nordischen Rassenlehre zu erkennen. „Bei diesem Anlasse möchte ich Ihnen vorweg ein Geständnis machen, dass ich meinerseits in allen diesen Fragen auf die Rasse sehr wenig und auf die Gesundheit sehr viel Gewicht lege. Körperliche, geistige und moralische Gesundheit – darauf kömmt es an. Jedenfalls ist es dieser

Gesundheit des Individuums und der Nation gegenüber ganz gleichgültig, ob der Einzelne blaue oder braune Augen hat, helles oder dunkles Haar, einen breiten oder einen langen Kopf."[123] Und er warnt seine Studenten vor der Missachtung elementarer wissenschaftlicher Regeln: „Eine unbegründete Behauptung gewinnt nicht an Sicherheit, auch wenn sie hundertmal wiederholt wird." Immer wieder wettert er gegen die „Phantasie vom langschädeligen und pigmentarmen Idealdeutschen".

Der streitbare Anthropologe und Sozialhygieniker schwört sich zunehmend auf zwei plakative Themen einer „angewandten Anthropologie" ein: die Wehrkraft und die Geburtenrate. Bei einem Vortrag für die Arbeiterwohlfahrt, abgehalten im Völkerkundemuseum, betont er 1907 erstmals die „Wichtigkeit der sozialen Anthropologie auch für die Wehrkraft" und dass „nur die denkbar größte Steigerung unserer Wehrkraft und unserer Rüstungen den Frieden sichern könne". Damit habe er „lebhaften Widerspruch" der versammelten Arbeiter und Handwerker erzeugt, berichtet er dem Vorsitzenden der Arbeiterwohlfahrt. Denn offenbar sei „eine nicht geringe Anzahl der Zuhörer derart von Bertha Suttners'schen Ideen infiziert, dass meine Ausführungen die Leute etwas überraschten".[124] Im Gegensatz zu Schallmayer teilte Luschan also nicht das Engagement Bertha von Suttners für einen Weltfrieden, das wiederum Teil einer breiten internationalen Bewegung war, die zwischen 1899 und 1907 zu mehreren in Den Haag abgehaltenen Friedenskonferenzen der Großmächte führten.

1911 gerät der führende deutsche Anthropologe in die Schlagzeilen der internationalen Presse. Als Delegierter der Berliner Gesellschaft für Anthropologie ist er eingeladen, Ende Juli 1911 auf dem First Universal Race Congress in London zu sprechen. Bei dieser ungewöhnlichen Tagung versammeln sich sechshundert Personen aus aller Welt, davon die Hälfte Angehörige der „farbigen Völker". Unter den Teilnehmern finden sich zehn britische Gouverneure, dreißig koloniale Bischöfe, hundertdreißig Professoren des internationalen Rechts sowie der Anthropologie und Soziologie. Ziel des Rassen-Kongress soll es sein, „to discuss the larger racial issues in the light of modern knowledge and the modern conscience, with a view to encouraging a good understanding, friendly feelings, and hearty co-operation between Occidental and Oriental peoples", wobei mit „oriental peoples" alle „farbigen Völker" gemeint sind. Mit diesen Worten schildert der englische Humanist Gustav Spiller, der den Kongress organisiert, sein Ziel. Spiller engagierte sich für die Friedensbewegung sowie das Frauenrecht und kannte Bertha von Suttner persönlich.

Die eingeladenen Redner müssen ihre Papers vorab an Spiller schicken. Der bittet Luschan, in seinem Vortrag *The Anthropolical View of Race* den letzten Paragraphen wegzulassen. Das lehnt der bekannte Anthropologe kategorisch ab und droht, am Kongress nicht teilzunehmen. „Our Congress does not touch the question of peace and war", mahnt Spiller, „and it is therefore important to exclude it. Besides, the Daily Mail and other journals here would take your remarks to mean that Germany is anxious to go to war with England – which, of course, you do not mean."[125] Wie lauten nun Luschans umstrittenen Äußerungen auf diesem Kongress zur Völkerverständigung? „No Hague conferences, no International Tribunals and no Esperanto will ever be able to abolish war", verkündet der führenden deutsche Anthropologe. „Nations will come and go, but racial and national antagonism will remain; and this is well, for mankind would become like a herd of sheep, if we were to lose our national ambition and cease to look with pride and delight, not only on our industries and science, but also on our splendid soldiers and our glorious ironclads [Panzerschiffe]. Let small-minded people whine about the horrid cost of dreadnoughts [Schlachtschiffe] every nation in Europe spends much more money on wine, beer and brandy than on her army and navy (...) there is no reason to dread our impoverishment by militarism." Und Luschan endet mit dem Bekennntis zur Aufrüstung als bester Kriegsprävention: „There is no doubt that we shall be better able to avoird war, the better we care for our armour."

Im Vorwort zur 1911 publizierten Ausgabe von Luschans *Anthropolocial View of Race* sieht Spiller sich zu einem Kommentar genötigt: „To prevent the last few paragraphes from beeing misinterpreted, professor von Luschan authorieses us, to state, that he regards the desire for a war between Germany and England as insane or dastardly." Spiller befürchtet offenbar, dass Luschans

Worte das deutsch-englische Verhältnis belasten, denn der massive, populistisch unterstützte Ausbau der deutschen Kriegsflotte unter Admiral von Tirpitz war ja gegen die englische Konkurrenz gerichtet. Darauf bezieht sich Luschan mit seiner direkten Erwähnung von Schlacht- und Panzerschiffen.

Aber trotz der militaristischen Äußerungen Luschans wurde seine Rede auf dem „Rassen-Kongress" primär als antirassistisches Plädoyer verstanden, das sich auch gegen den Rassenbegriff an sich wendet. „The question of the number of human races has become a subject rather of philosophical speculation than of scientific research." Mit diesem Zitat aus der Londoner Rede beginnt Luschans Freund Kautsky 1914 sein Buch über *Rasse und Judentum*. Er referiert dann dessen Feststellung, dass die heutigen drei „Hauptvarietäten" der Menschheit – die indoeuropäische, die afrikanische und die ostasiatische – eine „vollkommene Einheit" bilden, die nur der unterschiedliche Grad der Entwicklung trennt und dass man „von jeder Rasse erwarten darf, sie werde unter gleich günstigen Umständen dasselbe leisten freilich nicht notwendigerweise sofort". Kautsky veröffentlicht sein Buch zu Beginn des Ersten Weltkrieges, auf den er mit einigen neutralen Worten Bezug nimmt, es aber vermeidet, Luschans positive Einschätzung von Krieg zu erwähnen. Für die Zukunft erhofft der Theoretiker des Sozialismus, dessen Frau jüdischer Herkunft ist, die „Auflösung der Rassen in einem einheitlichen Menschengeschlecht" und will dabei auch den Untergang des Judentums in Kauf nehmen.[126]

Im Jahr nach dem Londoner Kongress breitet Luschan seine Ideen zu Wehrkraft und Anthropologie vor dem deutschen fachwissenschaftlichen Publikum aus. Auch er „glaube an den Weltfrieden", schreibt er 1912 in der Zeitschrift für Ethnologie, aber der „wird erst eintreten, wenn die Menschen einmal Engel geworden sind und mit Flügeln zur Welt kommen. Bis dahin werden wir immer auf den Krieg gefasst sein müssen, und es wird höchstens möglich sein, ihn zu verschieben; wir können ihn vielleicht um so länger verschieben, je besser gerüstet wir sind." Mutet diese Überlegung fast modern an, so jedoch nicht ihre Begründung: „Im Kampfe ums Dasein auch zwischen den Nationen siegen die, die gesünder sind an Körper und Geist."[127] Falls die sozialdarwinistische Argumentation nicht gefällt, verweist der humanistisch gebildete Gelehrte noch auf entsprechende Worte Platons. Während man im Wilhelminischen Kaiserreich weiß, wie nationale Aufrüstung aussieht, erfährt man jedoch nicht, wie genau die Anthropologie zur nationalen Wehrkraft beitragen soll. Sollen nur die gesündesten Rekruten bei der Musterung ausgewählt werden? Soll die Volksernährung verbessert werden, damit die Rekruten gesünder werden? Der schlechte Gesundheitszustand der Rekruten war ein beliebtes Sujet einer „sozialen Anthropologie", den erstmals Otto Ammon 1899 anhand der Untersuchung von Wehrpflichtigen in Baden statistisch belegt hatte.

Zu Beginn des Ersten Weltkrieges finden wir Luschan wie die meisten deutschen Hochschullehrer auf der Seite der Kriegsbegeisterten. Als Luschan und seine Frau 1914/1915 durch Amerika reisen, ist der Krieg natürlich ein zentrales Thema bei allen Begegnungen. Ein intensiver Briefwechsel mit einem amerikanischen Freund – Bolton Smith, dem Begründer der afroamerikanischen Boyscoutbewegung –, verrät, wie Luschan die positive Wirkung von Krieg begründet. Während Bolton Smith seine Hoffnung auf den Weltfrieden setzt, sieht der Anthropologe im Krieg eine „malthusianische Maßnahme", d.h. als eine Möglichkeit, das von Malthus 1798 behauptete Ungleichgewicht zwischen Bevölkerungswachstum und Nahrungsspielraum auszugleichen. Aber es war ja nicht das Bevölkerungswachstum an sich, was die Eugeniker um 1900 alarmierte, sondern der mehr oder minder deutlich formulierte Gedanke, dass die Unterschichten sich stärker vermehren als die Oberschichten. In diesem Sinne argumentiert auch Luschan gegenüber dem amerikanischen Freund, wenn er unterstreicht, dass gut situierte Amerikaner weniger Kinder bekommen als Immigranten. Bolton Smith hält dagegen, dass in der zweiten Generation auch die Kinderzahl der Einwanderer sinke, was doch eine bessere Entwicklung sei, als einen Bevölkerungsüberschuss durch Krieg zu dezimieren. „You may never change your view wholly", vermutet Smith zu recht, „but if I have been able to suggest the possibilities of a future of the race uncolored by war and yet not depressed by stagnation, I may have contributed to your happiness, for I am sure that it has been a matter of regret to you to feel that the world was so made that only through the uncivilized thing called war could progress come."[128] Der amerikanische Friedensaktivist ist überzeugt, dass der deutsche Anthropologenfreund nur mit dem Gefühl von Bedauern auf eine notwendig kriegerische Zukunft der Menschheit blickt.

„Bolton Smith ist ein sehr braver und wohlwollender Mann“, kommentiert Luschan am Briefrand in seiner paternalistisch-gönnerhaften Art, „aber er ist Friedensfanatiker und es wäre töricht, mit ihm zu streiten.“ Trotz der immer wieder thematisierten Meinungsdifferenz zu Krieg und Frieden bleiben der Amerikaner und der Deutsche in engem Briefkontakt. 1923, im Jahr der deutschen Hyperinflation, fragt Smith sehr deutlich an, ob er finanziell helfen dürfe. Das lehnt Luschan für sich ab, erbittet jedoch eine Spende für die Familie von Hans Virchow.

Das andere Thema, das Luschan als Eugeniker bzw. Sozialhygieniker umtreibt, ist die Geburtenrate, die ja bereits für seine Kriegsphantasien eine Rolle spielte. 1912 eröffnet er die Versammlung der deutschen Anthropologen in Weimar mit der Forderung, dass die anthropologischen Institute auch den gegenwärtigen Geburtenrückgang untersuchen sollten. Den wiederum führt er auf die „Pest des Zweikindersystems“ zurück. Die Rede ruft ein großes Echo in der Presse hervor, wobei Kritik die Zustimmung überwiegt. Da habe er in „ein Wespennest“ gestoßen, kommentiert der Schriftsteller Karl Vanselow, denn tatsächlich „ist die künstliche Beschränkung der Kinderzahl sehr viel weiter verbreitet als die Meisten annehmen“.[129] Vanselow musste es wissen, denn als Herausgeber der Zeitschrift Geschlecht und Gesellschaft hatte er sicher einen guten Überblick. 1912 begann übrigens auch die Firma Julius Fromm mit der weltweit ersten Serienproduktion von Kondomen.

Öffentliche Kritik stört den polemischen Luschan nicht, und er wettert in mehreren Fachzeitschriften weiter gegen die „Pest des Zweikindersystems". Nicht die „gelbe Gefahr" sei das Problem der Zukunft, schreibt er 1914 in der Deutschen Medizinischen Wochenschrift, wie gerade von amerikanischen Staatsmännern gefürchtet, sondern die bewusste Beschränkung der Kinderzahl führe zum „Selbstmord jeder Nation". Er versteigt sich zu dem bizarren Statement: „Die großen sozialen Kämpfe der Zukunft müssen im Ehebett ausgefochten werden" und bedauert, dass man gegen die neumalthusianischen Praktiken – so die damalige Verklausulierung von Verhütung – „noch nicht gerichtlich vorgehen kann". Für eine Vorlesung notiert er dann: „Von allen anderen Disziplinen ist gerade die Anthropologie berufen, die großen Probleme des Verfalls und der Entartung zu studieren und den Erscheinungen auf den Grund zu gehen, die nicht nur unsere nationale Sicherheit bedrohen, sondern auch unsere nationale Existenz vernichten können." Dabei setzt er auf Volksaufklärung. „Die Lehre von der Pflicht, gesund zu sein, wird durch den akademischen Unterricht in die Schule dringen und durch die Schule in das Volk." Wenn die Schule diese „rettende" Aufgabe verfolge, wird es „weder der Polizei bedürfen noch staatlicher Eheverbote noch der Castrierung der Verbrecher", die wiederum nicht „bestraft", sondern „erzogen" werden sollen.[130]

Luschans Gedanken, so befremdlich sie heute klingen, unterscheiden sich jedoch noch elementar von denen der nationalsozialistischen Rassenhygieniker. Er argumentiert nicht wie diese mit „Erbgesundheit", sondern allein mit Gesundheit. Als Lamarckist setzt er primär auf gesellschaftliche Beeinflussung durch Erziehung. Und er spricht sich gegen jene zeitgenössischen Rassenhygieniker aus, die bereits Sterilisierung und Eheverbote fordern, wie sie dann der NS-Staat realisieren wird mit dem Gesetz zur Verhütung erbkranken Nachwuchses vom 14. Juli 1933 und dem Gesetz zum Schutze der Erbgesundheit des deutschen Volkes vom 18. Oktober 1935.

Nach dem Krieg, in der Weimarer Republik, nimmt Luschans Eifer für sozialhygienische Fragen noch zu. In seinen Vorlesungen wettert er gegen die drei großen „Volksseuchen Trunksucht, Tuberkulose und Syphilis". Die „Socialanthropologie" sei dazu berufen, die „ganz dunklen Zusammenhänge" zu erforschen, die „zwischen verschiedenen Abnormitäten zu bestehen scheinen, so z.B. zwischen Gicht und Neurosen, zwischen Alkohol und Verbrechen". Das alles falle in das „schwierige Kapitel von der Vererbung erworbener Eigenschaften".[131] Er ist Mitglied des Vereins abstinenter Ärzte des deutschen Sprachgebietes und der Deutschen Gesellschaft zur Bekämpfung der Geschlechtskrankheiten. Gerade die Volkskrankheit Tuberkulose beschäftigt ihn. Denn trotz der Entdeckung des Tuberkelbazillus durch Robert Koch 1884 sei doch kein Fortschritt in der Heilung zu verzeichnen, bedauert er, und es sei ungeklärt, ob die Krankheit durch erbliche Anlage oder Ansteckung verursacht sei. Luschan, in Millstatt weiterhin regelmäßig als Arzt tätig, argumentiert noch nicht mit dem kollektiven „Volkskörper" im Gegensatz zu den Ärzten und Rassenhygienikern nach 1933.

Vom Nutzen des Krieges redet Luschan allerdings nicht mehr angesichts des verlorenen, desaströsen Weltkrieges mit seinen zwei Millionen toter deutscher Soldaten. Bereits vor dem Krieg hatten führende Rassenhygieniker wie Alfred Ploetz die Sorge geäußert, ein Krieg würde „Kontraselektion" bewirken, „dass wir die Besten in den Krieg schicken, während die Schwächeren zu Hause bleiben und sich fortpflanzen". Unter „Besten" verstand Ploetz, überzeugter Anhänger des „nordischen Gedankens", die Angehörigen der heilbringenden „nordischen Rasse". Nach dem verlustreichen Krieg sprachen alle Eugeniker von der Gefahr einer „Gegenauslese". Dies Argument war bereits antisemitisch eingesetzt worden. 1916, noch mitten im Krieg, verordnete das Preußische Kriegsministerium eine „Judenzählung" im Heer, um das von den Antisemiten genährte Gerücht zu überprüfen, die jüdischen Soldaten seien „Drückeberger", d.h. hielten sich eher in den Schreibstuben als an der Front auf. Das Ergebnis dieser offiziellen Demarche wurde nie veröffentlicht, zumal die Ergebnisse den gegenteiligen Schluss nahelegten: dass unter den jüdischen Soldaten besonders viele „Frontkämpfer" waren.

Das Thema „Kontraselektion" interessierte auch sozialistische Eugeniker. Der jüdische Mediziner Hans

Haustein, bekannt durch seine Veröffentlichungen zu Geschlechtskrankheiten, überreicht 1920 in „dankbarer Verehrung“ seinem „Lehrer“ Luschan seine Broschüre „Über Wesen und Ziele der Eugenik“, erschienen in den Sozialistischen Monatsheften. Haustein – der 1933 in „Schutzhaft“ Suizid begehen wird – vermutet, dass die „körperlich Tüchtigsten“ und ein „großer Teil der Intelligenz“ im Krieg geblieben sei, so dass sich dringlich die Frage stelle nach der vermehrten Vererbung der „körperlich Untüchtigen“, die den Krieg überlebt hätten. Dieses ‚Problem‘ interessiert Luschan besonders, dessen Augenmerk ja schon seit einem Jahrzehnt der Geburtenrate gilt. Er begrüßt es, dass die „linke Partei“, die früher für eine Beschränkung der Kinderzahl optierte, diese Position nun aufgegeben habe. In einem Aufsatz 1921 für Die Schwester, einer im Krieg für Krankenschwestern gegründeten Zeitschrift, lobt er Clara Zetkin „scharfsinnig, wie sie ist“ sowie Rosa Luxemburgs Standpunkt, dass „die soziale Frage niemals durch Verminderung der Geburten, sondern nur durch politischen und gewerkschaftlichen Kampf gelöst werden könne“.[132]

Als im Juli 1920 das Preußische Ministerium für Volkswohlfahrt einen „Ausschuss für Bevölkerungswesen und Rassenhygiene“ einrichtet, wird der unermüdliche Anthropologe und frisch emeritierte Professor Luschan dort Mitglied. Dieses Gremium verfolgte noch eine demographische Richtung, anders als das 1927 gegründete Kaiser-Wilhelm-Institut für Anthropologie, menschliche Erblehre und Eugenik unter der Leitung Eugen Fischers, jenem ehemaligen Schüler, dem mittlerweile Luschans heftigster Groll gilt. Der Ausschuss diskutierte u. a. über Abtreibung unter eugenischen Gesichtspunkten, wie sie gerade die Gynäkologin und Frauenrechtlerin Agnes Blum verfocht. Der ehemals katholische und unfreiwillig kinderlose Luschan spricht sich vehement dagegen aus.

Der Vorsitzende dieses Ausschusses, der Pflanzenbiologe Erwin Baur, veröffentlichte 1921 zusammen mit Eugen Fischer und Friedrich Lenz die *Menschliche Erblichkeitslehre*, ein Buch, das zum immer wieder aufgelegten Standardwerk wird, weil es erstmals jene Erkenntnisse bündelte und in einer breite Öffentlichkeit trug, die die verästelte eugenische Bewegung seit zwei Jahrzehnten umtrieb. „Sämtliche heutige Völker Europas sind aus denselben Rassen zusammengesetzt", informiert Fischer nun über einen Forschungsstand, über den die physische Anthropologie schon seit Ende des 19. Jahrhunderts verfügte: dass alle Völker „Rassenmischungen" seien. „Was aber die Unterschiede der Völker ausmacht, ist die Zahl der Komponenten, das gegenseitige Mengenverhältnis und die Menge fremder Einschläge."[133] Die 1921 laut verkündete Erkenntnis, dass „Volk" und „Rasse" und Sprache nicht identisch seien, also weder eine „germanische" noch eine „romanische" oder eine „slawische Rasse" existiere, zerstörte die vertraute, aus der Romantik stammende Überzeugung vom deutschen Volk als Bluts- und Abstammungsgemeinschaft. Ein Jahr nach der Veröffentlichung des *Baur/Fischer/Lenz* popularisierte Hans F. Günther durch seinen Bestseller *Rassenkunde des deutschen Volkes* den irritierenden anthropologischen Befund: „Die Rassenkunde ist in der misslichen Lage, den überaus größten Teil der europäischen Menschen für Mischlinge zu erklären."[134] Der „Rassengünther" forderte die „Aufnordung" des deutschen Volkes, d.h. die vermehrte Züchtung bzw. Fortpflanzung der heilbringenden, „nordischen Rasse" auf Kosten der anderen, schlechteren („alpin/ostischen" und „semitisch/mediterranen") „Rassen".

Nun ausgerüstet mit dem *Baur/Fischer/Lenz* wagt es der mittlerweile 67-jährige Luschan 1921 – drei Jahre vor seinem Tod – , erstmals eine Vorlesung über Vererbungslehre anzubieten. Aber völlig unsicher bleibt er, in welchem Ausmaß die Erbbiologie auf sein eigentliches Forschungsfeld, die physische Anthropologie, anwendbar sei. Schon ein Jahrzehnt zuvor hat sein Freund Boas die Annahme erschüttert, dass die Schädelform – diese heilige Kuh der Anthropologen – konstant bleibe. Boas hatte in New York geborene Kinder eingewanderter, osteuropäischer – generell brachykephaler (kurzköpfiger) – Juden vermessen und festgestellt, dass deren Köpfe schmaler wurden, während die Köpfe der Kinder von dolichokephalen (langköpfigen) Sizilianern breiter wurden. Damit verwies Boas auf eine rasche somatische Veränderung in neuer Umwelt, was Luschan verunsicherte. Es sei momentan vergeblich, hält er 1911 die Ergebnisse von Boas klein und geriert sich wieder als abwartender Forscher, „die Art der Zusammenhänge zwischen Typus und Umwelt verstehen zu wollen".[135] In seiner Vorlesung von 1921 versucht er sich in Genetik, spricht von einem Aufspalten der Schädelformen „gemäß den Mendelschen Vererbungsgesetzen", aber „nicht die Indices vererben sich, nur die direkten Maße, also die Länge des Schädels, die Breite des Schädels, die Höhe des Gesichts, die Höhe der Nase".[136] Aber wen interessierte die Weitergabe der Nasenform angesichts gesellschaftlich relevanter Fragen wie die Vererbung von Krankheiten?

Die physische Anthropologie steckte zu Beginn des 20. Jahrhunderts in einer Sackgasse. Sie verfügte über unendliche Material- und Datenmengen, deren Auswertung in den Sternen stand, nun noch erschwert durch die Notwendigkeit, diese im Lichte der neuen Erbbiologie vorzunehmen. Die Hinwendung Luschans zur Eugenik zeigt beispielhaft, wie das Ohnmachtsgefühl eines Forschers angesichts einer überwältigenden Materialfülle nach einem Ausweg sucht, den Luschan in einer angewandten Wissenschaft („Socialanthropologie") zu finden hoffte. Diese bot unmittelbare gesellschaftliche und zukunftsorientierte Relevanz im Gegensatz zu dem endlosen Vermessen von fossilen Schädeln oder lebenden Menschen, auf der Suche nach der Entstehung der Menschheit und ihrer „Rassen". Die (physische) Anthropologie ist „eine Wissenschaft, bei der nichts herauskommen darf", lautete damals ein Zitat unter Fachgelehrten, das diese Frustration belegt. Erst heute, ein Jahrhundert später, erlaubt es die von Svante Paäbo entwickelte Paläogenetik, das Alter von „human remains" mit Hilfe der DNA-Analyse zweifelsfrei zu bestimmen.

Wir hatten gesehen, dass Luschan jener Richtung der Rassenhygiene fern stand, die im eigentlichen Sinne erst als rassistisch zu bezeichnen ist, weil sie eine „Rasse“ per se höher bewertete, nämlich die „nordische“. Von der „Rassenmischung des deutschen Volkes“ wollte Luschan keine Komponente (die nordische) favorisiert sehen, also kein „Werturteil“ fällen. Genauso wenig sah er bei den weltweit existierenden menschlichen „Rassenzweigen“ fundamentale Unterschiede oder gar verschiedene Ursprünge, sondern war in der aufklärerischen Tradition überzeugt von der „Einheit des Menschengeschlechts“ und sprach nie von einer etwaigen Überlegenheit der „weißen Rasse“.

Nun kommen wir zu jenem Aspekt Luschans, der seiner vielschichtigen Persönlichkeit eine Besonderheit verleiht und die ihn aus der Menge der zeitgenössischen physischen Anthropologen hervorhebt: 1892 stellte er eine neue und einflussreiche Theorie auf, die dem zeitgenössischen Antisemitismus sein Argument von der „rassischen“ Andersartigkeit bzw. Fremdheit der Juden zerstörte. Mit einer anthropologischen Beweisführung untermauerte Luschan 1892 die jüdische Assimilation in Europa.

Der Wiener hat seine prägenden Jugendjahre als einer von drei Christen in einer jüdischen Gymnasialklasse verbracht und sieht aufgrund dieser positiven Erfahrung in allen Antisemiten nur „Trottel“. Als er im Sommer 1885 nach Berlin kommt, trifft er auf eine politisch-intellektuelle Atmosphäre, die noch vom jüngsten

Streit um die „Judenfrage“ aufgeheizt ist. Der sog. Berliner Antisemitismusstreit, in dem sich die Historiker Theodor Mommsen und Heinrich von Treitschke gegenüber standen, lag erst wenige Jahre zurück. Treitschke hatte den deutschen Juden das Recht auf religiöse Identität abgesprochen und letztlich nur als Konvertierte zu den deutschen Bürgern zählen wollen. 1881 wurde eine Petition an den Reichstag gerichtet, die die Rücknahme der bürgerlichen Gleichstellung der Juden forderte. Es entstanden verschiedene antisemitische Parteien, und 1890 wurden erstmals fünf Antisemiten in den Reichstag gewählt.

Die Gleichberechtigung der deutschen Juden hatte 1869 die Verfassung des Norddeutschen Bundes festgeschrieben, die den Angehörigen aller Religionen die gleichen Rechte zugesprochen hatte. Das kam nicht nur den Juden, sondern auch den Katholiken zugute, die in Preußen oft Benachteiligung erfuhren. Der „Kulturkampf“, gegen den Einfluss der katholischen Kirche bzw. des Papstes gerichtet, endete 1875 mit der Einführung der Zivilehe. Bei religiösen „Mischehen“ war nun nicht mehr die Konversion eines Partners nötig, wie es bis dahin das Eherecht verlangt hatte, das in den Händen der Glaubensgemeinschaften lag. Die Zivilehe erleichterte nicht nur die katholisch-protestantischen Mischehen, sondern auch die jüdisch-christlichen, die nun immer zahlreicher wurden. Das beklagten zu Beginn des 20. Jahrhunderts gerade zionistische Anthropologen wie Ignaz Zollschan, der 1911 auch auf dem Londoner Rasse-Kongress sprach und 1912 *Das Rassenproblem* veröffentlichte, und Felix

Theilhaber, der 1911 über den *Untergang der deutschen Juden* schrieb.[137]

Die jüdische Assimilation, lange Zeit mit der Konversion erkauft, erlaubte seit 1869 bzw. 1875 das Beibehalten der jüdischen Identität, was Treitschke genauso missfiel wie dem Hofprediger Adolf Stoecker, der seit 1878 einen „Taufbeckenantisemitismus" propagierte. 1887 erschien der *Antisemiten-Katechismus* des Kleinunternehmers und Journalisten Theodor Fritsch, Lektüre der sich formierenden völkischen Bewegung. „Taufbeckenantisemiten" wie Stoecker argumentierten noch nicht mit einer „jüdischer Rasse", die quasi als biologische Essenz auch durch Konversion nicht beseitigt werden könne. Dieses rassistische Argument verbreitete dann vor allem der Nationalökonom, Philosoph und Atheist Eugen Dühring in seiner 1881 erschienenen *Judenfrage als Racen-, Sitten- und Culturfrage.* Dort spricht er auch vom Christentum als „indirektem Semitentum" und fordert daher die „Auslöschung allen Hebräergeistes". Die antisemitische Definition einer unauflösbaren „jüdischen Rasse" über den Geist bzw. die Religion prägte das völkische Denken bis hin zum Judenbegriff der Nürnberger Gesetz vom Herbst 1935.[138]

Vor diesem Hintergrund eines dichten antisemitischen Klimas gründete sich 1893 der Centralverein deutscher Staatsbürger jüdischen Glaubens, die erste organisierte Interessenvertretung der deutschen Juden, dem ein Großteil des liberalen Judentums angehören wird. Eine Aufgabe des Centralvereins wurde es, Blasphemie-

Prozesse zu führen. Denn das Verächtlichmachen der jüdischen Religion als Ausdruck der „jüdischen Rasse" sollte sich zu einem zentralen Instrument der völkischen Propaganda entwickeln. Das Strafgesetzbuch verbot öffentliche Blasphemie ebenso wie die Beleidigung der anerkannten Religionsgesellschaften, also auch der jüdischen. So wurde Theodor Fritsch mehrfach angeklagt wegen „Beschimpfung Jahwes". Hatte der Centralverein im Kaiserreich durchaus noch Erfolg mit seinen Prozessen, sah das nach dem Ersten Weltkrieg, als die völkische Bewegung anwuchs, anders aus und den gemeinsamen alttestamentarischen Gott durfte Fritsch nun ungestraft als „Gott der Geschäftemacher" oder „Jahwe als „Personifikation des bösen Prinzips" bezeichnen.[139]

Drei Jahre vor dem Centralverein war 1890 in Berlin der linksliberale Verein zur Abwehr des Antisemitismus ins Leben gerufen worden, der bald bis zu 20.000 Mitglieder umfassen wird, Christen wie Juden. Zu seinen Gründungsmitgliedern zählte der bekannte Althistoriker Theodor Mommsen, der liberale Verfassungsjurist Heinrich von Gneist, der Industrielle Robert Bosch und der jüdische Mäzen James Simon, der auch im Vorsitz des Orient-Komitees war. Der Abwehr-Verein, der „mit den Waffen der Wahrheit und Thatsachen" die Antisemiten bekämpfte, dokumentierte in seinen wöchentlich erscheinenden Mittheilungen antisemitische Vorfälle im ganzen Reich. Der noch weitgehend unbekannte Neu-Berliner Felix Luschan tritt sofort dem Abwehr-Verein bei. 1892 wird der 38-jährige Anthropologe, gerade von seiner erfolgreichen Grabung in

Sendschirli zurückgekehrt, schlagartig bekannt, als er auf dem deutschen Anthropologentag in Ulm einen Vortrag über *Die anthropologische Stellung der Juden* hält. Der Vortrag erregte sogar international Aufsehen[140], wurde aber vor allem vom deutschen liberalen Judentum begrüßt und in der Allgemeinen Jüdischen Zeitung, dem „unparteiischen Organ für alle jüdischen Interessen" abgedruckt. Auch die Lehranstalt für die Wissenschaft des Judentums lud Luschan zu einem Vortrag ein.

„Dass die Juden eine dem Blute nach völlig reine und unvermischte Rasse bilden", beginnt Luschan seine Rede in Ulm, „wäre bei den zahlreichen Mischungen, denen alle anderen Kulturvölkern unterworfen waren, so wundersam und wird doch so allgemein geglaubt, dass es wohl nützlich sein dürfte, diesen Gegenstand auch einmal in einem größeren Kreise zu beleuchten und dabei ernsthaft zu prüfen, in wie weit eigentlich die angebliche Rasseneinheit der Juden den anatomischen Thatsachen entspricht." Dann stellt er klar, dass es zwar eine „indoeuropäische Sprachfamilie" gibt, aber dieser keine „arische Rasse" entspreche und dass dasselbe Prinzip für die „Semiten" gilt, dass sich auch dort Rasse und Sprache nicht decken. Der Redner verspricht explizit, sich allgemeinverständlich auszudrücken. Der auf zwei Sitzungen verteilte, jeweils eine Stunde dauernde Vortrag ist jedoch für einen gegenwärtigen Leser kaum verständlich und zeigt einmal mehr, wie fremd und irritierend uns die damalige anthropologische Beweisführung heute erscheint. Dank 60.000 Einzelmessungen, auf seinen Orientreisen vorgenommen, kommt Luschan schließlich zu dem Ergebnis, dass „die modernen Juden zusammengesetzt sind: erstens aus den arischen Amoritern, zweitens aus wirklichen Semiten, drittens und hauptsächlich aus den Nachkommen der alten Hethiter". Dem hethitischen Element – von Luschan gerade bei seinen Grabungskampagnen in Sendschirli beobachtet – verdankten die modernen Juden ihre von den Anthropologen allgemein festgestellte mehrheitliche Brachykephalie (Kurzköpfigkeit).[141]

Die genannten drei alten Völker, so verstanden die Zuhörer, gehören zu den drei großen europäischen „Rassen": die Amoriter zu der „arisch/nordischen Rasse", die Semiten zur „orientalisch/mediterranen Rasse" und die Hethiter zur „vorderasiatisch/alpinen Rasse". Luschan glich mit seiner These, dass bereits in alter Zeit das Volk der Juden genauso wie die modernen Juden aus den genannten drei „Rassen" gemischt seien, in anthropologischer Hinsicht die Juden den europäischen Völkern an, da jene wie diese aus den drei gleichen „Rassen" gemischt seien. Der Redner endet mit einem klaren Appell gegen den Antisemitismus: „Es erkennt der gebildete Europäer in seinem jüdischen Mitbürger nicht nur den lebenden Zeugen und Erben einer uralten und ehrwürdigen Kultur, sondern er achtet und schätzt und liebt ihn als seinen besten und treuesten Mitarbeiter und Streitgenossen im Kampf um die höchsten Güter dieser Erde, im Kampf um den Fortschritt und die geistige Freiheit."[142]

Luschans Vortrag in Ulm wird allgemein verstanden als eine neue Theorie gegen die antisemitische Behauptung von der „rassischen"Andersartigkeit der Juden. Otto Ammon beklagt 1904, gleich in der ersten Ausgabe des Archivs für Rassen- und Gesellschaftsbiologie, dass Luschan die „Idee einer jüdischen Rasse gründlich zerstört hat". Aber nicht nur von den Eugenikern, die in einer reinen „jüdischen Rasse" ein willkommenes Studienobjekt im Hinblick auf die Bildung einer neuen deutschen „Vitalrasse" sahen, erfuhr der streitbare Anthropologe Ablehnung, sondern auch von jüdischen Anthropologen, wie wir noch sehen werden. Auf jeden Fall eröffnete Luschan eine wissenschaftliche Debatte auf einem Terrain, wo sich bisher hauptsächlich Antisemiten tummelten. Die These von der den Europäern analoge jüdischen „Rassenmischung" baute auf dem anthropologischen Wissen um 1900 auf, dass kein einziges europäisches Volk „reinen" bzw. „unvermischten" Ursprungs sei. Die Frage nach der Herkunft der Juden wird noch heute höchst kontrovers im Judentum diskutiert, wie gerade die Rezeption des 2008 erschienenen Buches des israelischen Historikers Shlomo Sand *Die Erfindung des jüdischen Volkes* illustriert.

Luschan gilt seit 1892 bei den Zeitgenossen als führende Autorität, was die Anthropologie der Juden betrifft. Als sein Schüler Arthur Ruppin – Jurist, Anthropologe und Zionist – 1905 die Zeitschrift für Demographie und Statistik der Juden gründet, bittet er seinen Lehrer, einen Artikel zur Eröffnung der neuen Zeitschrift zu schreiben. Ruppin hat gerade ein viel beachtetes Buch über *Die Juden der Gegenwart* auf statistischer und soziologischer Grundlage geschrieben sowie ein Preisausschreiben zum Thema „Darwinismus und Sozialwissenschaften" gewonnen. Luschans Eröffnungsartikel in der neuen jüdischen Zeitschrift ist kurz und auffällig allgemein gehalten. So verweist er auf die Schwierigkeit, „Semiten" sowie „Arier" zu definieren und bemerkt launig, dass „der Begriff einer arischen Schädelform genauso absurd ist als wenn man von dolichokephalen Sprachen reden wollte". Hier variiert der Anthropologe einen vielzitierten, scherzhaften Ausspruch des Sprachforschers Max Müller: „Man kann mit demselben Recht wie von einer arischen Rasse auch von einer langköpfigen Sprache oder einer kurzköpfigen Grammatik sprechen." Aber Luschan unterlässt jeden Hinweis auf seine vor mehr als einem Jahrzehnt formulierte Theorie von der den Europäern analogen jüdischen „Rassenmischung". Offenkundig wollte Ruppin seine Zeitschrift nicht programmatisch einengen, da in ihr viele Zionisten publizieren werden. Denn die junge zionistische wie die alte orthodoxe Richtung des deutschen Judentums lehnte überwiegend die Annahme einer jüdischen „Rassenmischung" ab und behauptete die jüdische „Rasseneinheit" bzw. „Rassenreinheit". Hier bestand eine irritierende und fatale Kongruenz zwischen jüdischem und antisemitischen Standpunkt.

Ruppin, der bald nach Jaffa in Palästina emigriert, liegt richtig mit seiner ideologischen Zurückhaltung. Denn 1907 erfährt Luschan eine heftige Attacke von dem jungen zionistischen Mediziner und Journalisten Elias Auerbach. Die Fehde wird, bevor sie sich in der Zeitschrift für Demographie und Statistik der Juden niederschlägt, zunächst im Archiv für Rassen-und Gesellschaftsbiologie ausgetragen. „Seit der Zerstörung des jüdischen Staates sind erhebliche Rassenmischungen der Juden nicht mehr vorgekommen", erklärt dort Auerbach.[143] . Die ausgeprägte Kurzköpfigkeit der Juden, die Luschan auf die Hethiter zurückführt, sieht er schon bei den alten Semiten gegeben, die dagegen die meisten Anthropologen als langköpfig ausgemacht hatten. In einem „offenen Brief" nimmt daraufhin Luschan Stellung. Er wirft Auerbach „völlige Unkenntnis der anthropologischen Methoden" vor. Dann unterstreicht er seinen Standpunkt, den er mit dem liberalen Judentum teilt. „Für mich gibt es nur eine jüdische Religionsgemeinschaft, keine jüdische Rasse." Die Autoren, die sich „in den letzten Jahren bemühen, die rein semitische Abstammung der Juden zu beweisen", ständen „ganz unbewusst unter dem Einfluss jener immer wieder von neuen auftauchenden Irrlehren, denen zufolge Rassereinheit eine Art Gewähr für ganz besondere Tüchtigkeit bieten soll". Dabei sei doch gerade jegliche „Rassenmischung" ein „wichtiger Faktor der Weiterentwicklung".[144]

Diese generell positive Bewertung von „Rassenmischung" ist gegen die Lehre von Arthur de Gobineau gerichtet, dessen *Essai sur l'inégalité des races humaines* von 1853 – und erst 1900 ins Deutsche übersetzt – „Rassenmischung" verteufelte, da er ihr den Niedergang von Kultur anlastete, eben infolge der ‚Verwässerung' der reinen ‚arische Essenz'. Auerbach hatte, so merkwürdig das klingen mag, seine Attacke gegen Luschan und sein

Lob auf die „wahrhafte Inzuchtrasse“ der Juden und ihre „eigenthümlichen Dauerhaftigkeit, die fast ans Wunderbare grenzt“ mit Gobineaus Wort – gemünzt auf die „arische Rasse“ – beendet, „dass ein Volk niemals sterben würde, wenn es ewig aus denselben nationalen Bestandteilen zusammengesetzt bliebe“.[145] Gobineau 1853 und genauso der „Rassengünther“, das sei erneut angemerkt, kannten in ihrem Rassenszenario keine „semitische“ oder „jüdische Rasse“.

Die wissenschaftliche Kontroverse um jüdische „Rassen(r)einheit“ oder „Rassenmischung“ zwischen Auerbach und Luschan findet in den nächsten Jahren einigen Widerhall unter den Fachgelehrten. 1909 verteidigt in Ruppins Zeitschrift Sigmund Weissenberg aus dem russischen Wolgograd vorsichtig Auerbachs Thesen und im Jahr darauf sehr deutlich in der eugenischen Zeitschrift. Weissenberg hatte dank eines Stipendiums der Rudolf-Virchow-Stiftung in Palästina zweiundsechzig Fellachen, zwanzig Samaritaner und vierzehn Juden vermessen. Der Russlanddeutsche nimmt den jungen, 23-jährigen Auerbach in Schutz gegen den viel älteren, namhaften Anthropologen. „Er hat wahrlich den herablassenden Ton und die beißende Ironie, mit denen von Luschan ihn abfertigen will und die in einer wissenschaftlichen Diskussion, mag sie auch die größte Autorität berühren, eigentlich nicht zulässig sein sollten, nicht verdient.“[146] Denn der sarkastische Luschan hat Auerbachs Thesen allein aufgrund fehlender Orienterfahrung als pure Spekulation abgetan und ein Gedicht zitiert: „Ein Kerl, der spekuliert,/ ist wie ein Tier auf dürrer Heide/

von einem bösen Geist im Kreis herumgeführt/ und rings herum liegt schöne grüne Weide." In diesem Zitat erkannte jeder Bildungsbürger damals Mephistos Worte in Goethes *Faust* und kannte auch die Verse, die Luschan nicht zitiert, zum einen die Endzeile „Verachte nur Vernunft und Wissenschaft" zum andern Mephistos Worte davor: „Setz dir Perücken auf von Millionen Locken,/ setz deinen Fuß auf ellenhohe Socken,/ du bleibst doch immer was du bist,/: „ein Kerl, der spekuliert".

Hatte der führende deutsche Anthropologe auf diese Weise den jungen Zionisten mit „beißender Ironie" bedacht, so fügte er auch gleich noch seine negative Einschätzung des Zionismus hinzu. Er wiederholt zwar seine Worte von 1892, dass „unsere jüdischen Mitbürger unsere besten und treuesten Mitarbeiter im Kampf um die höchsten Güter dieser Erde, im Kampf um den Fortschritt und um die geistige Freiheit" sind. Aber von diesem Bund will er die „zionistischen Bestrebungen" ausnehmen, die er „für direkt kulturfeindlich halte". Als langjähriger Reisender im Orient kenne er dessen Charme, dieses Gefühl „innerhalb von wenigen Tagen in eine Umwelt zu gelangen, die vor einem Jahrtausend auch die unsere war". Aber zu diesem Gefühl gehöre „das Bewusstsein der Möglichkeit, jederzeit wieder in die moderne Kultur zurückkehren zu können". Und daher prognostiziert er selbstherrlich, „dass eine Repatriierung auch nur eines Teils der europäischen Juden nach dem Orient zunächst für diesen [Teil] selbst den sicheren Rückfall in mittelalterliche Barbarei bedeuten würde".[147]

Aufschlussreich für die damalige Konfliktfähigkeit in der „scientific community" ist es, dass der doch heftig geschmähte junge Zionist sich nicht beleidigt zurückzieht. „Wenn Sie mich armen Anfänger hier und da etwas hart angefasst haben", schreibt Auerbach sogleich an Luschan, sei er doch „nicht empfindlich und dankt für die Ermunterung, weiter anthropologisch zu arbeiten." Luschan lädt daraufhin den jungen Mann zu seinem Kolloqium und anthropologischem Praktikum ein. Zwei Jahre später, als Auerbach frisch verheiratet vor der Emigration nach Palästina steht, bittet er den Lehrer um einen politischen Meinungsaustausch, nämlich „über den Zionismus zu sprechen abseits von allen anthropologischen Fragen, da ich in einigen Äußerungen Ihres offenen Briefes bedauerliche Missverständnisse glaube erblicken zu müssen", und er sähe Luschans Besuch in Palästina mit „großer Freude" entgegen. Die beiden bleiben in Briefkontakt, und noch 1920 macht Luschan diesen auf so erstaunliche, konfliktreiche Weise gewonnenen Schüler auf ein neues Buch zur anthropologischen Judenfrage aufmerksam.[148]

Luschans aufklärerische, der Assimilation dienende Theorie von der den Europäern analogen jüdischen „Rassenmischung" bleibt in den nächsten drei Jahrzehnten aktuell für jüdische wie nichtjüdische Anthropologen. Maurice Fishberg, 1889 im Alter von siebzehn Jahren von Russland nach Amerika emigriert, baut Luschans Theorie weiter aus. Dieser Arzt und Boas-Schüler, mit dem Luschan 1915 in New York freundschaftlich verkehrte, setzt sich 1908 in der Zeitschrift für Demographie und

Statistik der Juden mit der antisemitischen Behauptung aus einander, dass „das semitische Blut in den Adern der Juden sie gegen Tuberkulosebazillen immunisiere und ihnen damit einen Vorteil gegenüber den Ariern gebe". Fishberg hält dem entgegen, dass das geringere Auftreten von Tuberkulose auf die jüdischen Hygieneregeln zurückzuführen sei[149] und verweist damit wie sein Lehrer Boas und auch Luschan auf die Rolle der Umwelt in den rassentheoretischen Debatten. In seinem 1911 in Amerika erschienenen, zwei Jahre später ins Deutsche übersetzte Buch *Die Rassenmerkmale der Juden* fordert Fishberg eine breit angelegte anthropologische Studie aller weltweit verbreiteten jüdischen Gruppen, um endlich dem Antisemitismus wissenschaftlich gegenzusteuern. Wie Boas und Luschan und überhaupt das liberale Judentum sieht Fishberg im Judentum, in Vergangenheit und Gegenwart, eine Religion und keine „jüdische Rasse". „In den Adern der Juden Deutschlands, Österreichs und Englands fließt mehr ‚indogermanisches' Blut – sofern man davon sprechen kann – als in den Adern der ‚Arier' Süditaliens, Spaniens, Griechenlands, Armeniens und anderer Volksgruppen mit dunkler Hautfarbe." Der angebliche „jüdische Typus" ist schlicht „alpin und mediterran", resümiert Fishberg[150] und gehöre damit zu den europäischen „Rassen".

Noch 1930 betont Arthur Ruppin, mittlerweile Professor an der Universität Jerusalem und weltweit als Soziologe des Judentums bekannt, dass gerade die Juden der Gegenwart zur „alpinen Rasse" zählen und folgert:

„Der Rassenunterschied zwischen Norddeutschen und Süddeutschen (homo alpinus) ist größer als zwischen Süddeutschen und Juden vorderasiatischen Typus."[151] Diese Auffassung vom enormen „Rassengegensatz" zwischen der protestantischen nördlichen und katholischen südlichen Bevölkerung Deutschlands teilte er mit den Anhängern der nordischen Rassenlehre, und hier könnte ein Grund dafür liegen, dass Ruppin noch im August 1933 das Gespräch mit dem „Rassengünther" suchte, der auch in seiner 1931 erschienenen *Rassenkunde des jüdischen Volkes* nicht eine „jüdische/semitische Rasse" als Gegenspieler der „nordischen Rasse" herausstellte, sondern weiterhin die „ostisch/alpine Rasse".

1922, zwei Jahre vor seinem Tod, erscheint im jüdischen Welt-Verlag Luschans Buch *Völker, Rassen, Sprachen*, das seinen Ruf als aufgeklärten, antirassistischen Anthropologen bei den Zeitgenossen nachhaltig begründet. Die zweite Auflage von 1927, drei Jahre nach Luschans Tod erschienen, trägt den Untertitel „Anthropologische Betrachtungen" und drückt damit den Essay-Charakter dieser einzigen synthetischen Arbeit des führenden deutschen Anthropologen aus. Der populärwissenschaftlich angelegte, schmale Band gibt nach einer langen Einleitung über den anthropologischen Forschungsstand einen Überblick über die Anthropologie der fünf Kontinente. Dabei widmet Luschan seinem Spezialgebiet Vorderasien ein langes Extrakapitel, während Europa vergleichsweise kurz abgehandelt wird. Er vermeidet den Begriff „Rasse" und spricht meist nur von „Typus", so dass auch keine

„nordische Rasse" vorkommt, sondern nur der „nordeuropäische Typus". Als „Fremdvölker" in Europa werden neben den Basken und den Magyaren – weil sie nicht zur indoeuropäischen Sprachfamilie gehören – auch ausführlich die Juden behandelt. Wieder betont Luschan, dass es keine reine „jüdische Rasse" gebe und beruft sich u.a. auf die jüdischen Anthropologen Maurice Fishberg und Fritz Kahn und spricht der Zeitschrift für Demographie und Statistik des Juden sein Kompliment für ihre wissenschaftliche Forschung aus. Was die deutsch-jüdische Zukunft betrifft, zeigt sich der alte (weiße) Mann als unerschütterlicher Optimist. Er beobachte gegenwärtig eine „fast ideale Symbiose" und halte „eine völlige Verschmelzung von Christen und Juden nicht für ganz ausgeschlossen". Zionismus sowie Antisemitismus werden ohne Bedeutung bleiben, wagt er zu behaupten. Dem Zionismus stehe er „kühl" gegenüber, obwohl er mit „vielen Führern der Bewegung befreundet" sei – und meint offenbar Arthur Ruppin, Hermann Struck und Elias Auerbach.. Er glaube nicht an eine jüdische Staatsgründung in Palästina, weil „die Beziehungen zu den eingeborenen Mohammedanern zum mindesten immer sehr schwierig bleiben werden" und weil vor allem Ostjuden nach Palästina auswandern und kaum Westjuden.[152]

Wenn selbst Zionisten wie Arthur Ruppin oder noch mehr Hermann Struck vom „Rassengünther" fasziniert waren, ist es um so erstaunlicher, dass Luschan sich von der nordischen Rassenlehre so völlig unbeeindruckt zeigte. Sein Alterswerk erscheint im selben Jahr wie Günthers *Rassenkunde des deutschen Volkes* und wird von vielen als Gegenschrift gelesen. „Ich bin, ohne Ihnen irgendwie schmeicheln zu wollen, entzückt davon", schreibt ihm der Heidelberger Paläontologe Wilhelm Salomon. „Es ist das erste Buch der Art, das mir wirklich durch und durch wissenschaftlich auf der Höhe zu stehen scheint, weil es seine Behauptungen begründet und wo Gründe fehlen, das ehrlich eingesteht. Wie anders ist dagegen Günther, den ich eben lese, ein Neu-Aufguss der alten Thesen von Ammon, Wilser, Woltmann, Chamberlain! Die alte Beweihräucherung der nordischen Rasse. Napoleon I nordische Rasse! Die alpine Rasse von unedler Gesinnung usw. Wie man derartigen Quatsch als Wissenschaft ausgeben kann, und vor allen Dingen, welche Kreise darauf hereinfallen können, ist mir unverständlich."[153]

Dass ein populärwissenschaftliches Buch über die weltweiten anthropologischen Verhältnisse als eine Art Gegenschrift zum „Rassengünther" gelesen wird, zeigt das Ausmaß des rassentheoretischen Diskurses jener Zeit mit seiner Übermacht der nordischen Rassenlehre, die tief in das deutsche Bildungsbürgertum nach dem verlorenen Weltkrieg eindrang. Eingewöhnt in eine üppig wuchernde Debatte um „Rasse" und ihre Theorien, waren die wenigsten deutschen Gebildeten in der Lage, der nationalsozialistischen Rassenideologie etwas entgegen zu halten.

Tatsächlich gelingt dem alten, 68-jährigen Luschan in seinem Buch von 1922 eine Synthese seiner zentralen Gedanken, die er vorher eher impulsiv und unsystematisch verstreut hatte. Gleich auf der ersten Seite betont er, das Wort „Rasse“ sei ein Notbehelf, das „am besten ganz aufgegeben werden würde, wenn es irgendwie durch ein weniger vieldeutiges zu ersetzen wäre“. Die „Art des Zusammenhanges zwischen den einzelnen menschlichen Gruppen“ zu ermitteln, sei die „schwierigste Aufgabe der Anthropologie“. Wieder betont er seinen – heute wissenschaftlich unangefochtenen – „Glauben an die absolute Einheit des Menschengeschlechtes und sehe keine zwingende Veranlassung, uns heutige Menschen und unsere paläolithischen Vorfahren in verschiedene Spezies zu teilen“.

Die zehn Thesen am Ende des Buches hinterlassen beim heutigen Leser sehr gemischte Gefühle. Einerseits muten sie durchaus modern an, wenn er postuliert „Eigenschaften der sogenannten ‚Rassen‘ sind im wesentlichen durch klimatische, soziale und andere Faktoren der Umwelt entstanden“. Andererseits benennt er nicht den Unrechtscharakter von Kolonialherrschaft, sondern wendet sich nur gegen deren „Auswüchse“, wenn er mal wieder sich selbst zitiert: „Es gibt keine ‚wilden‘ Völker, es gibt nur Völker mit einer anderen Kultur als die unsre; aber es gibt einzelne ‚weiße Wilde‘, rohe, ungebildete und an Tropenkoller leidende Europäer, die sich keine Mühe geben, die Eingeborenen kennenzulernen, unter ihnen wie die Wilden hausen und sie in der denkbar grausamsten Weise misshandeln und ausbeuten.“ Mit der modernen Genetik kompatibel ist sogar folgende These – sofern man den Nebensatz ignoriert: „Der Unterschied zwischen den verschiedenen Rassen ist, besonders was die moralischen Eigenschaften und die Intelligenz angeht, nicht entfernt so groß als der zwischen einzelnen Individuen ein und derselben Rasse."[154]

Lässt sich hier vielleich eine positive Bewertung der „Rassenmischung" zwischen Europäern und Nicht-Europäern heraushören, so verstand der zeitgenössische Leser primär die gegen die nordische Rassenlehre gerichtete Botschaft, die die Minderwertigkeit der südlich/östlichen „alpinen Rasse" behauptete. Den Protest gegen das nordizistische „Werturteil" trugen nicht zufällig süddeutsche und österreichische Forscher, zu denen ja der gebürtige Wiener Luschan gleichfalls zählte. Der Botaniker Merkenschlager, der zusammen mit dem Anthropologen Karl Saller dafür plädierte, aus dem „Rassengemisch" des deutschen Volkes eine neue „deutsche Rasse" zu bilden, sah in der Forderung nach „Aufnordung" bzw. „Herauszüchtung der nordischen Rassenelemente" eine große, gegen die Einheit der Nation gerichtete Sprengkraft: die „furchtbare Formel" einer „Kolonisierung der nichtnordischen Gebiete Deutschlands so wie man Kamerun kolonisierte". Die nordische Rassenlehre wurde ein zentrales Element der Ideologie des „Dritten Reiches" und seiner rassistischen Expansionspolitik. Das rassentheoretische innerdeutsche Konfliktpotential wurde umgeleitet auf den völkischen Antisemitismus mit seiner Behauptung von der „Schädlichkeit der jüdischen Rasse" bzw. des „jüdisches Blutes". Einem solchen Rassenwahn hatte Felix von Luschan mit seiner anthropologisch begründeten

Assimiliationsthese entgegengesteuert und die Juden in die europäische Völkergemeinschaft integriert. Der entfesselte Antisemitismus wurde dann zum Grundpfeiler der NS-Herrschaft, und seine singuläre mörderische Dynamik dürfen wir nie vergessen.

Nachwort

Der Blick auf Felix von Luschan hat sich innerhalb kurzer Zeit rasant verändert. Noch 2009 würdigte ihn ein Sammelband als „Universalgelehrten" und als einen der „herausragendsten Wissenschaftler des ausgehenden 19. und frühen 20. Jahrhunderts".[155] Da war man dann bemüht, den Gelehrten möglichst makellos darzustellen, vermied insbesondere einen Beitrag über den physischen Anthropologen und ließ sozusagen das Luschansche Herzstück unter den Tisch fallen. Nur knapp zehn Jahre später geistert der „Universalgelehrte" als makabrer, rassistischer Schädelsammler durch die Medienlandschaft. Was ist passiert? Die 5.500 Exemplare umfassende Schädel- und Skelettsammlung, 2011 von der Charité dem Museum für Vor- und Frühgeschichte übergeben, war von der medialen Öffentlichkeit ‚entdeckt' worden nicht zuletzt aufgrund einer Publikation 2018 über die *Restitution afrikanischer Kulturgüter*[156]. Seitdem ist das Fakt dieser Sammlung von „humain remains" Gradmesser der Beurteilung und Dämonisierung der Person Felix von Luschan. Gewiss wurde den kolonialen Herkunftsgesellschaften mit dem Raub ihrer Toten großes Unrecht getan, was das heutige Bemühen um Restitution an die „source communities" wieder gut zu machen sucht. Aber es ist doch zu bedenken, dass physische Anthropologen wie Rudolf Virchow, Felix von Luschan oder Franz Boas „humain remains" nicht in inhumaner Absicht sammelten, sondern in dem Erkenntnisinteresse nach der Entwicklung des Menschen in Raum und Zeit. Dass das „Sammeln“ vor Ort durch Reisende und Militärs im Auftrag der Schreibtischgelehrten in einer kolonialen Situation struktureller Gewalt und oft mit höchst fragwürdigen Methoden erfolgte, steht dagegen außer Frage. Immer wieder mahnte Luschan seine Zulieferer, „öffentliches Ärgernis“ zu vermeiden. Was steckte hinter diesem vagen und gleichzeitig juristisch klingenden Begriff? Rücksicht auf die Angehörigen der „humain remains“? Oder doch nur Furcht vor Kollision mit den jeweiligen lokalen Autoritäten?

Zur Beantwortung der legitimen Forschungsfrage nach der Entwicklung des Homo sapiens standen damals nicht die Mittel zur Verfügung, über die die Paläogenetik dank Svante Pääbo erst seit einem Jahrzehnt verfügt: das Alter auch fossiler menschlicher Überreste durch eine DNA-Analyse zweifelsfrei zu bestimmen. Die physischen Anthropologen um 1900 hofften ihrem Forschungsziel mit einer ausufernden Datenerhebung näher zu kommen, Daten, die sie aus Messungen von „humain remains“ und an lebenden Menschen gewannen. Die Anthropologen nach 1933 waren froh, dies unendlich ferne Forschungsziel mit seinen mühsamen Methoden verlassen zu können und sich für den NS-Staat unmittelbar nützlich zu machen, indem sie dem staatlichen Antisemitismus beispielsweise mit „Abstammungsgutachten“ zuarbeiteten oder „Rasseprüfungen“ für Himmlers vom nordischen Rassenwahn getragenes Projekt der „Umvolkung“ („Deutsche Volksliste“) im besetzten Polen zu unterstützen.[157] Eine wissenschaftshistorische Untersuchung, die die Veränderung der physischen Anthropologen des Kaiserreichs zu den Rassenkundlern des „Dritten Reiches“ systematisch untersucht, z. B. anhand einer Kollektivbiographie, steht noch aus.

Die physische Anthropologie war nur eine, wenn auch zentrale Seite des vielschichtigen Felix von Luschan. Seine Ausgrabungen in Sendschirli zeigen ihn als einen fortschrittlichen Archäologen, der modernere Ansichten vertrat als andere Zunftgenossen. Aber genauso wie die Anthropologie stand – gerade die vorderasiatische – Archäologie als Universitätsdisziplin noch in den Anfängen. Hätte es zu Beginn des 20. Jahrhunderts einen Lehrstuhl für vorderasiatische Archäologie gegeben, wäre sicher der Ausgräber des aramäischen Sam‘al ein geeigneter Anwärter gewesen. Luschan litt an dem Umstand, dass beide Forschungsgebiete, für die er sich interessierte, d.h. die Anthropologie und die Archäologie, noch kein berufliches Auskommen präsentierten. Seinen Lebensunterhalt bestritt er, bis er endlich 1909 die lang ersehnte Professur für Anthropologie erhielt, durch seine Beamtenstelle am Völkerkundemuseum. Dass er dessen Bestände so stark vermehrte, hatte seine hauptsächliche Ursache in den gestiegenen „Sammel“-Möglichkeiten, die der deutsche Kolonialbesitz seit 1884 bot und die der Beamte Luschan fleißig ergriff, wie die meisten Zeitgenossen ohne Unrechtsbewusstsein für die koloniale Situation und die kulturelle Aneignung. Hoffte er etwa beim ethnologischen „Sammeln“ ähnlich wie beim anthropologischen auf die Erkennbarkeit des jeweiligen qualitativen Sprungs, wo Variationsbreite in einen neuen Typus übergeht? Seine Einreihung in die heterogene Eugenikbewegung geschah jedenfalls aus dem Gefühl der Frustration mit der Anthropologie als einer Wissenschaft, „bei der nichts herauskommen darf".

Die Vielseitigkeit der Interessen hatte den Preis der Verzettelung. Der Gelehrte besaß eine Vorliebe für die kleinteilige Form einer Art Rezension, und zwar noch nicht einmal für die Bücher von Kollegen, sondern für die Beschreibung ethnographischer Objekte. Synthese oder gar Theoriebildung war nicht seine Stärke und nur das Alterswerk von 1922 macht hier eine Ausnahme. Überhaupt kann man sich heute im Zeitalter der Speicherkapazitäten durch den Computer die Ausmaße der damaligen Zettelkästen kaum mehr vorstellen. Die 60.000 anthropometrischen Maße, auf denen Luschans 1892 seine gegen den Antisemitismus gerichtete Theorie zur jüdischen Assimilation aufbaute, waren in Tabellen und Kurven konzentriert, die wiederum aus Zetteln und Notizblättern hervorgingen, die immerhin seit 1896 mit den ersten Leitzordnern verwaltet werden konnten. Die Schreibmaschine kam um 1900 in Gebrauch, wurde aber als unhöflich beim Briefeschreiben erachtet. Sein Alterswerk von 1922 dürfte er seiner Sekretärin oder seiner Frau in die Schreibmaschine diktiert haben, was eine enorme Beschleunigung des Schreibvorgangs bedeutete, der Text liest sich, als ob er gesprochen wurde.

Luschans Kommunikationsmedium war das gesprochene Wort. Auch der umfangreiche Briefwechsel, der die Grundlage dieses Buches bildet, zeugt davon, denn das Briefeschreiben ist eigentlich ein Dialog und nah an der Mündlichkeit. Man soll froh sein, dass diese reichhaltige Korrespondenz nicht der Altpapiersammlung 1923 im Jahr der Hyperinflation zum Opfer fiel. Die Lektüre der Briefe – naturgemäß sind mehrheitlich die an Luschan gerichteten überliefert – erlaubte Einblicke in den wissenschaftlichen Alltag und das Kommunikationsnetz. Die Alltagszwänge einer Ausgrabung zu rekonstruieren, ermöglichten die Kopierbücher, aus denen ein frischer Wind des Abenteuers weht, der es der Autorin und dem Leser erlaubt, bei der Rekonstruktion des irritierenden rassentheoretischen Diskurses ein wenig Luft zu holen.

Der breite Einfluss Luschans auf seine Zeitgenossen, auf eine ganze Generation von Studenten verschiedenster Fachrichtungen, auf Kolonialbeamte und Kolonialoffiziere ebenso wie auf Arbeiter und Handwerker war an eine Persönlichkeit gebunden, die über die Mündlichkeit wirkte, d.h. Vorlesungen, Vorträge und die sonntäglichen Teegesellschaften. Diese wirkungsmächtige und komplexe Persönlichkeit einzufangen, versucht die vorliegende biographische Skizze. Jede Persönlichkeit verfügt über Ungereimtheiten und Widersprüchlichkeiten und gerade Felix von Luschan ist dafür ein Paradebeispiel. Vieles an ihm befremdet uns aus der Sicht heutiger Ethik, aber die Aufgabe der Geschichtsforschung ist es, das Fremde, das Andersartige vergangener Epochen zu rekonstruieren und damit verstehbar zu machen.

Abkürzungsverzeichnis

ARGB	Archiv für Rassen- und Gesellschaftsbiologie
BGAEU	Archiv der Berliner Gesellschaft für Anthropologie, Ethnologie und Urgeschichte
K	Kasten
Kb	Kopierbuch
kol.	kolonial
Korr	Korrespondenz
Ms	Manuskript
Nl	Nachlass Felix von Luschan, Staatsbibliothek Berlin
Verh.	Verhandlungen
ZfE	Zeitschrift für Ethnologie
ZDStJ	Zeitschrift für Demographie und Statistik des Judentums

Anmerkungen

1 F.Merkenschlager, Götter, Helden, Günther, Nürnberg 1926, 5.
2 Für diesen Hinweis danke ich dem Technikhistoriker Hartmut Petzold.
3 S. dazu C. Essner, Berlins Völkerkunde-Museum in der Kolonialära., in: Berlin in Geschichte und Gegenwart. Jahrbuch des Landesarchivs Berlin 1986, 64-94.
4 A.Bastian, Über ethnologische Sammlungen, in ZfE 1885 (17), 57.
5 R.Kandt 19.19.97 in: Acta betr. die Erwerbung ethnolog. Gegenstände, Pars I B, vol. 18, Archiv des Völkerkundemuseums (Dahlem).
6 Biograf. Angaben zur Jugend nach selbstverfasstem Lebenslauf, in: Nachlass Fritz Kiffner (Staatsbibliothek Berlin), Ms., 93ff.
7 Nl Korr: Randnotiz Luschans auf Brief von R. Pöch 17.3.17.
8 Nl Korr: C. Humann 20.1.82.
9 Zur Bibliographie s. F. Kiffner in ZfE 1958 (90), 285 ff.
10 Nl Korr: F. Luschan 2.4.86.
11 Zit Nl Korr: O. Puchstein 16.2.85; G. Neumayer 28.12.89; W. Junker 20.5.02.
12 Nl Korr: O. Puchstein 23.8.85; an O. Puchstein 2.9.90.
13 Nl Korr: C. Humann 5.1.88.
14 Kondolenzbriefe in Nl K.5.
15 Für diesen Hinweis danke ich dem Berliner Humanbiologen Ulrich Creutz.
16 F. Luschan, Völker, Rassen, Sprachen, Berlin 1922, 187.
17 Nl Korr: an H. Balfour 6.3.98.
18 Nachruf von F. Hommel, in: Natur und Kultur 1924, 274.
19 Nl Korr: an A. Penck 7. 3.92; an K. Weule 7.2.00.
20 Nl Korr: F. Güterbock 10.11.12
21 BGAEU -397/Grimm.
22 Nl Korr: H. Balfour 8.7.05.
23 BGAEU NG-426/Kiffner.
24 Anthropol. Messungen an 95 Engländern, in: ZfE 1914 (46), 58 -80.
25 Zeitungsausschnitte in Nl K.12, K.15.

26 Nl Korr: an Seen 21.1.23.

27 Nl Korr: K. von der Steinen 26.2.17, L. Bouchal Juli 18.

28 Rez. H. Meyer in Kol. Rundschau 1920, 64.

29 Nl Korr: an F. Güterbock 31.10.19, an F. Boas 18.1.20.

30 Nl Korr: an F. Boas 18.1.20 und 11.4.21; L. Darmstädter 23.1.21.

31 Nl Korr: an C. Meinhof 6.2.22, an H. Struck 27.2.22.

32 Nl Korr: Ph. Kuhn 7.10.21; an O. Ammon Okt. 23.

33 Nl Korr: an H. Schäfer 5.6.23; W. Scheidt 2.8.23; an von Frey Juni 23.

34 Nl Korr: an H. Meyer 13.1.22; an H. Struck 1.12.21; an W. Scheidt 4.12.23.

35 Nl Korr: an H. Struck 17.2.23; an F. Boas 9.2.22; H. Struck 6.6.23.

36 S. dazu C. Essner, „Im Irrgarten der Rassenlogik". Nordische Bewegung und nationale Frage (1919-1935), in: Historische Mitteilungen 1994 (7), 81-101 sowie dies., Die „Nürnberger Gesetze" oder die Verwaltung des Rassenwahns (1933-1945), Paderborn u.a. 2002, 40ff (auch PDF unter www.Digi20/Band/Die ‚Nürnberger Gesetze').

37 Nl Korr: an H. Struck 6.6.23; L. Frobenius 30.12.12, 6.1.13; an L. Frobenius 3.1.13; an Seen 8.12.23.

38 Nl Korr: H. Struck 8.12.23; E. Fischer 11.6.08.

39 Nl Korr: E. Fischer 11.6.15, 9.7.17.

40 Orient-Comitée (Hg), Ausgrabungen in Sendschirli, Berlin 1893, S. 7, dort auch die Statuten.

41 Nl Korr: C. Humann 24.8.89 und 8.11.89.

42 Nl Kb 1, Bl. 77 f.

43 F. Luschan (+), Die Kleinfunde von Sendschirli, hg. von Walter Andrae, Berlin 1943, Einleitung.

44 Nl Korr: Briefentwurf Luschans 27.4.00.

45 Nl Korr: E. Sachau 12.6.88; O. Puchstein 13.6.88.

46 Nl Korr: C. Humann 21.11.89.

47 Nl Kb 1, Bl. 399 f.

48 Nl Kb 1, Bl. 439 f.

49 Nl Kb 2, Bl. 31f, 56.

50 Nl Kb 1, Bl. 467f.

51 Nl Kb 2, Bl. 60 ff.

52 Nl Kb 2, Bl. 200, 246.

53 Nl Korr: R. Kaufmann 30.5.90 und 13.7.88.

54 S. dazu C. Essner, Deutsche Afrikareisende im 19. Jahrhundert, Stuttgart 1985.

55 Nl Kb 2, Bl. 240 ff.

56 Nl Kb 2, Bl. 379 f.

57 Nl Kb 2, Bl. 409 ff.

58 Nl K 18-20, Bl. 351, 460.

59 Nl Korr: O. Puchstein 18.8.90.

60 Nl Korr: O. Puchstein 27.9.90.

61 Nl Korr: O. Puchstein 28.10.90.

62 Nl K 18-20, Bl. 66, 75.

63 Nl K 18-20, Bl. 141, 275; Nl Korr: O. Puchstein 25.2. und 13.3.91.

64 Nl Korr: Mystakidis 13.2.97; hs. Notiz Luschans Nl K.13; Nl Korr: Le Coq 3.1.02.

65 S. dazu C. Essner, Cholera der Mekkapilger und internationale Sanitätspolitik in Ägypten (1866-1938), in: Die Welt des Islams 1992 (32), 41-82.

66 Nl Kb 3, Bl.78, 84.

67 Nl Kb 3, Bl. 69f; Nl Korr: O. Puchstein 8.11.90.

68 Nl Kb 3, Bl. 175, 93f.

69 Nl Kb 3, Bl. 209 ff.

70 Nl Korr: O. Puchstein 25.2.91 und 16.3.91.

71 Nl Kb 3, Bl. 282.

72 Nl K 2.

73 Nl K 12 Vorlesungs-Manuskript SS 89.

74 Nl Korr: an G. Schwalbe 18.1.10; F. Luschan, Die gegenwärtigen Aufgaben der Anthropologie, ZfE 1912 (44), 27.

75 F. Luschan, Rassen und Völker, Berlin 1915, 11.

76 Ebd., 15.

77 Nl Korr: an S. Müller 5. und 11.1913.

78 In: G. Neumayer, Anleitungen, 1906, Bd. 2, 5.

79 F. Luschan, Völker, Rassen, Sprachen, Berlin 1922, 184.

80 S. dazu B. Heeb/ Ch.M. Kabwete (Hg), Humain Remains from the former German Colony of East Africa. Recontextualization and Approaches for Restitution, Köln 2022.

81 Nl Korr: H. Balfour 9.5. und 6.3.98.

82 Nl Korr: W. Schreiber 29.10.98; K. Lampert 2.6.00.

83 Nl Korr: H. Laufe 20.12.00 und 14.2.01.

84 Nl Korr: an O. Schlaginhaufen 8.1.08.

85 Nl Korr: an Herzogin von Mecklenburg 13.3.09.

86 S. dazu Heeb/Kabwete, Humain Remains (wie Anm.80).

87 Nl Korr: Dr. Fabry 6.12.06.

88 Nl Korr: an H. von Doering 23.3.14.

89 Brief in: BGAEU NG-403.

90 Nl K 15.

91 Nl Korr: G. Thilenius 5.2.1913.

92 Nl Korr: F. Boas 18.1.93, an H. Detzner 29.5.23.

93 Nl Korr: A. Penck 3.12.05.

94 Nl Korr: Bericht an das Unterrichtsministerium 15.5.12.

95 Nl Korr: O. Dempwolff, 13.5.14.

96 Nl Korr: an de Lanchedo o. D.

97 In diesem Lager müssen schlimme Verhältnisse geherrscht haben. Vielleicht rührt daher der Begriff „Muselmann“ in den nationalsozialistischen Vernichtungslagern für Gefangene, die zum Skelett abgemagert waren.

98 Nl Korr: E. Eickstedt 2.5.15; an E. Eickstedt 12.12.15.

99 Nl Korr: E. Eickstedt 17.6.16; 6.7.16; an E. Eickstedt 9.7.16.

100 Nl Korr: H. Struck 15.5.15.

101 Nl Korr: H. Struck 14.3.16 und 30.6.17.

102 Nl Korr: H. Struck 17.6.16.

103 Zu Artur Dinter s. C. Essner, Antisemitische Bruchstücke. Zehn Geschichten aus dem Dritten Reich, Berlin 2014, S. 129 ff.

104 S. dazu C. Essner, Nürnberger Gesetze (wie Anm. 36), bes. S. 203ff.

105 Stenograph. Berichte der Verh. des Dt. Reichstages vom 1.12.1906, 131. Sitzung, 405f.

106 Nl Korr: K. Kautsky 17.1.07.

107 Nachlass F. Kiffner Ms, 62.

108 S. dazu C. Essner, Berlins Völkerkunde-Museum (wie Anm. 3), S. 81 ff.

109 Dem Kulturanthropologen Nils Seethaler danke ich für diesen Hinweis sowie die zahlreichen hilfreichen Gespräche über die physische Anthropologie.

110 Alle Zit. in: F. Luschan, Beiträge zur Völkerkunde der dt. Schutzgebiete, Berlin 1897, S. 205 ff.

111 Nl Korr: Arbeitsausschuss der Dt. Kolonial Ausstellung 6.8.1896.

112 F. Luschan, Zusammenhänge und Konvergenz, in: Mitteilungen der Anthropologischen Gesellschaft in Wien 1918 (48), 1-117.

113 Alle Zit. in: Verh. des Dt. Kolonialkongresses, Berlin 1903, S. 163 ff.

114 F. Luschan, Bericht über eine Reise in Südafrika, in: ZfE 1906 (38), 893 sowie BGAEU NG-415/Grimm.

115 Verh. des dt. Kolonialkongresses, Berlin 1911, 119f, 129.

116 S. dazu erstmals C. Essner, „Wo Rauch ist, da ist auch Feuer." Ansätze eines Rassenrechts für die deutschen Kolonien, in: W. Wagner (Hg), Rassendiskriminierung, Kolonialpolitik und ethnisch-nationale Identität, Bremen 1992, 145-161 sowie dies., Von Windhuk nach Nürnberg. Zur Frage der kolonialen Kontinuität, in: M. Brechtken u.a. (Hg), Die Nürnberger Gesetze – 80 Jahre danach, Göttingen 2017, 25-36.

117 F. Luschan, Der Rassen-Kongress in London, Kol. Rundschau 1911, 601.

118 E. Fischer, Die Rehobother Bastards, München 1913, 207.

119 S. dazu C. Essner, Das Geheimnis der menschlichen Reproduktion. Zeugungstheorien in Deutschland zwischen 1750 und 1900, in: Historische Mitteilungen 2009 (22), bes. 269f.

120 Nl K 15, Auschnitt aus Der Tag 25.2.1910.

121 Zit. nach I. Kaup, Volkshygiene oder selektive Rassenhygiene, Leipzig 1922, 17.

122 W. Schallmayer, Vererbung und Auslese, Jena 1918 (3. Aufl.), 385.

123 Nl K 15, Vorlesungsnotizen.

124 Nl Korr: an W. Waldeyer 4.1.07.

125 Nl Korr: G. Spiller 24.4.11.

126 K. Kautsky, Rasse und Judentum, Berlin 1914, 3, 34, 94.

127 F. Luschan, Die gegenwärtigen Aufgaben der Anthropologie in: ZfE 1912 (44), 205.

128 Nl Korr: Bolton Smith 29.3.15.

129 Nl Korr: K. Vanselow, 31.12.1912.

130 Nl K 14, Notizen um 1913.

131 Nl K 16, Vorlesungsnotizen.

132 Nl K 15. Dort beide Sonderdrucke.

133 E. Baur/E. Fischer/F. Lenz, Menschliche Erblichkeitslehre, München 1921, 143.

134 Rudolf, Nationalsozialismus und Rasse, München 1931, 11f.

135 NL Korr: F. Boas 3.4.09 sowie Luschan, Rassen-Kongress (wie Anm. 117), 602f.

136 Vorlesungsexzerpte Prittwitz, BGAEU 406/Grimm.

137 Zollschan lebte nach 1918 in der Tschechoslowakei und emigrierte 1939 mit seiner Frau nach England. Theilhaber emigrierte 1935 mit seiner Familie nach Palästina.

138 S. C. Essner, Die Nürnberger Gesetze (wie Anm. 36), 21 ff.

139 T. Fritsch, Der Streit um Gott und Talmud, Leipzig 1922; s.a. C. Essner, La „question juive" entre science et politique, in: Edouard Conte/Cornelia Essner, La Quête de la race. Une Anthropologie du nazisme, Paris 1995, 189-230.

140 Insbes. auf Italienisch veröffentlicht in: Archivi per l'anthropologia et l'ethnologia 1892.

141 F. Luschan, Die anthropologische Stellung der Juden, in: Correspondenzblatt der Dt. Gesellschaft für Anthropologie 1892 (23), 94, 99.

142 Ebd., 100.

143 E. Auerbach, Die jüdische Rassenfrage, in: ARGB 1907 (49, 332-361.

144 F. Luschan, Offener Brief an Dr. Elias Auerbach, in: ARGB 1907 (4), 362-373.

145 Auerbach (wie Anm. 143), 361.

146 S. Weissenberg, Die autochthone Bevölkerung Palästinas in anthropologischer Beziehung, in: ZfDStJ 1909 (5), 130.

147 ARGB 1907 (4), 371.

148 Nl Korr: E. Auerbach 4.6.07 und 30.4.09.

149 M. Fishberg, Die angebliche Rassen-Immunität der Juden, in ZDStJ 1908 (4), 178-188.

150 M. Fishberg, Die Rassenmerkmale der Juden, München 1913, 262 f.

151 A. Ruppin, Soziologie der Juden, Berlin 1930, Bd. 1, 37.

152 F. Luschan, Völker, Rassen, Sprachen, Berlin 1922, 172 f.

153 Nl Korr: W. Salomon 6.3.23.

154 F. Luschan, Völker, Rassen, Sprachen, 187.

155 P. Ruggendorfer/H. Szemethy (Hg), Felix von Luschan (1854-1924). Leben und Wirken eines Universalgelehrten, Wien 2009.

156 Von Felwine Sarr und Benedict Savoy; s.dazu Heeb/Kabwete, Human Remains (wie Anm. 80) 47ff.

157 S. dazu Edouard Conte/Cornelia Essner,Der Mythos des ‚Mischlings'. Nationalsozialistische Rassenpolitik im ‚Altreich' und in den ‚eingegliederten Ostgebieten', in: Francia. Forschungen zur westeuropäischen Geschichte 1999 (26), 129-145.

Personenregister